落颜／著

落颜诗集 Ⅱ

若你是我的明媚
葬花集

蘭州大學出版社

图书在版编目(CIP)数据

落颜诗集.2/落颜著.—兰州:兰州大学出版社,2012.10

ISBN 978-7-311-03974-5

Ⅰ.①落… Ⅱ.①落… Ⅲ.①诗集—中国—当代 Ⅳ.①I227

中国版本图书馆CIP数据核字(2012)第240541号

策划编辑 梁建萍
责任编辑 梁建萍 王淑燕
封面设计 管军伟

书　　名 落颜诗集Ⅱ
作　　者 落颜 著
出版发行 兰州大学出版社 (地址:兰州市天水南路222号 730000)
电　　话 0931-8912613(总编办公室) 0931-8617156(营销中心)
　　　　 0931-8914298(读者服务部)
网　　址 http://www.onbook.com.cn
电子信箱 press@lzu.edu.cn
印　　刷 兰州奥林印刷有限责任公司
开　　本 710×1020 1/16
印　　张 12.25
字　　数 83千
版　　次 2012年11月第1版
印　　次 2012年11月第1次印刷
书　　号 ISBN 978-7-311-03974-5
定　　价 25.00元

目　录

Contents

若你是我的明媚

葬花集

若 / 你 / 是 / 我 / 的 / 明 / 媚

企　盼

可是,故事也只能到此为止了
对于不幸的无奈
早已升华为一种安静的崇拜
请容我品味那些遗漏的细节
容我涉足,这一世洁白而仓皇的盈亏
在倒流的时光中,寻求些许宽慰

依着原路轻轻转回
(石阶上应该有幽翠的苍苔)
我俯首拾掇着那旧日的悲哀
而我并不会为此抱憾终生
到了最后的最后,也终于
乐观如一具寂寞的稻草人

其实,我的难题不过是
如何以一种超脱的心态
屹立于天地之间,以一种
无我的载体静观其变
而一切的延滞与背叛
也都还来不及显现
消除了生命里所有的误差
然后,一言不发

彩笔诗

只因无法消除岁月的哀愁
所以我们惶惶游离于诗化的古老窠臼
只因,爱情不能在永恒中圆寂
所以,才会有今夜这华丽的自欺
(灵魂在痛的梦与醒之间无助地漂移
其实,所有的心迹都可以只字不提)

在这个有着五千年遗憾的多雾多雨的国度
我是一个忠实的爱情信徒
永远在幻想中下注
以期待你轻怯的、轻怯的
介入

而命运却给予我们莫须有的结局
从此夜夜,我只好也只能
用一支支冰冷的彩笔
不厌其烦地写下有关于你的只言片语
聊表旧意

不死之心

(黑夜起始
流星便以不可阻挡的热情
带来了让我悬悬于心的讯息
我却用一贯自欺的口吻告诫自己
这仅仅是一场梦
仅仅是,空穴来风)

我知道,所有的轨迹都绝非偶然
所有的际遇也都遵循着混沌初始的宣言
泉水从来是如此的清澈
而天空一直蔚蓝
我们的世界自一开始就有高山、有平原
也有,悲与欢

在盛夏那满长着不知名的荒草的旷野上
激情被逐次点燃
星球正俯视我们两颗叛逆的种子
顽强地在大地上滋长、蔓延
一如,我们所崇拜的夏娃的谎言
被我们铭记与弃置的一切美丽传言

沿着时光不可僭越的足迹

再回首,我们已定格在宋词唐诗里
(情节的转折往往是如此离奇与彻底)
往往,在我最美的时刻
你不是还没有来得及,就是
来得太迟太迟

于是,我决定孤注一掷
为那些至今不知所以
与,不知错在哪里的谜题
我决定拟一份长长的索引
若是、若是能够找出丝毫细密的破绽
那么我决定,守口如瓶

最后的白苹洲

本以为,所有的变动都是理所为然
如同由春到冬的更迁,总有复回的一天
本以为,彼此的暗疾也可以心照而不宣
然,夜长梦多
向我前来的都是那始料未及的风波
不管我曾怎样执著地坚守
我那精心筑就的堡垒
最终,也只能亲眼目睹一场华丽的破碎
一刷,绞痛的悲哀

暮色在白苹洲前所未有的郁结中逐次加深
我们的心也开始随着惯性由温热变得冰冷
抑或,由虚伪变得认真
你琥珀色幽深的眼神里
浪花在肆无忌惮地欢腾
所有的判决是那样模棱
我的心啊终于悲喜不分

(空悲切,终于迎来了那一钩清闲的月
千年来我们所犯下的最大的错
莫过于对月说寂寞)
而今夜,我决定将错就错

请让我从你的手里抽出我的手
尽管,我的动作极为懦弱或笨拙
但,这与心死并没有什么
区别

(沙岸上芦苇与水草青青
那盘虬错节的是我已死的心)

空 壳

持续了整整一季的悲痛
对于局面的崩溃,恕我已无法抑控
当然,所有的错误都归咎于
我那颗单纯的心,以及
种种单纯的理论
(还有那凝聚千年的月华
那箜篌弦上的融泪啊
他们不该、不该如我一般地等你
等你,箭发无靶)

我只是到现在尚不能明白
为什么我可以锁住我的口
我的笔,我的诗笺
却锁不住对你如洪水般决堤的思念
到底是什么
让我不能禁锢对你日渐加深的依恋
千年,百年
我的热情依旧在晓梦里怯懦地蔓延
而弹唱之间,往事似叶般飘将下来
无奈每一帧都是无法再冲印的底片

得到的是最怕拥有的苦果

对于任何承诺我已犹疑难决
于是,到了散戏的时刻
我决定,把我的记忆精简成一具寂寞的
寂寞的,空壳

苦 果

——我的心是一个倔强而又叛逆的俘虏

尽管,在此之前我早就知道命运的残酷
可是我无法选择退路

当你的背影完全淹没在黄昏时的街角
当清晓映入第一眼的只是无边的寂寥
我爱,我的灵魂也终于变得一了百了
所有的一切都仓促得来不及留恋
来不及,珍惜与怀念

花季匆匆
所谓永远其实一开始就没有什么胜算
不管你曾怎样地信誓旦旦
不管我曾怎样地翘首期盼
最终,也只能如秋日山涧的夕岚般
烟消、云散

而那云中水中梦里梦外流动不息的承诺
终将是我无法鉴定的哀乐
是我的,不能品尝又不容弃置的
苦果

玉　兰

不是我们所能够呼唤的
不是所有的东西都可以随心所欲
悲莫悲兮
其实，一切华美的绽放
都只为了能够无悔地逝去
能够，永远永远封存在我们的记忆里

生命的意义在于无法预料
这我很久以前就已经知道
只愿生生世世你都是我的依靠
而我总是无助地投入你的怀抱

南去舟、北来雁
从古至今，隐忍的玉兰见证了多少幽怨
而泪水一直未被斜阳晒干
于是，也只有在月明如水的秋夜里
在玉兰花的馨香馥郁间
我轻轻道出，道出这个忧伤的秘密

沧　月

——终于发现,我的灵魂只能属于诗

我所在意的只能是结局而非经历
有关故事的曲折我宁愿一概不知

越溪
在交织着水纹与月华的莲叶间
悲剧正随忧伤的扩张逐步蔓延
隔岸,桃花如雨
轻拍你衣袂翩翩
想多少次的叹息与凝视
毕竟只能成为永远的遗憾
(终于明白,关于兰舟载不动许多愁
真的不是什么危言)

如此,我也只好选择弃权
(当然,突变后我还能保持颦轻笑浅)
而芙蓉衬脸,在一样伶俜的外表下
也只有莲的心与我的心
才是一样地玲珑和哀怨

悠悠月华兮,与君生别离
如果那积聚了千年的无奈
只不过是一种吻合的际遇
那么所有的融泪啊都可以
重新放置在过去
只想,与君共饮
曙光微亮时的晨曦
群岚簇拥着的雪域
只想,当下一轮的沧月再起时
能够把所有的新伤旧痛都抹去

绮　梦

——原来,你的多情与胸襟

就是暗夜里我一点一滴搜寻的光明

1

暮色四合时
我正安憩于你宽阔的胸怀
静听山风呜咽,涧水徘徊
静听,这林间每一种难测的悲哀
你纯白色的衣袖飘忽如远山的叆叇
所有的不幸啊都源于我的率性而为

2

春回,这一直是个略带无奈的词汇
人未回,扩张了我心中的那份空白

3

夜风轻扬
所谓幸福,其实一转身就变得冰凉
请从我美丽的掩饰下
领会我无声的忧伤
领会,我心中那折射的细碎月光

4

循环往复,永远找不到你在何处
亲爱的,我迷失于爱的海市蜃楼
找不到来时的出口

5

也因此无迹可寻
含着泪,将那颗真诚的心
珍藏在祁连山冰封的严冬
以拒每一次微雨的湿润
每一场,月明的、刺痛

巨蟹座

一直幽居在阴暗潮湿的沼泽
静静品尝着属于自己的苦果
醉心于每一日的光影婆娑
窒息于每一夜如幻的月色
潮起潮落
生活本可以诠释为旷世的寂寞

是你的登场,融化了我冰封的世界
溶解了我、一贯的孤傲与冷漠

当密封的外壳
终被你的柔情层层剥落
当紧闭的心扉终于为你久久诉说
亲爱的,我有的是一颗透明而柔软的心
请用你的双手抚摸,这无比的温热

只想用自己坚硬的躯壳
为你挡住前路上的一切风波
双钳温柔地与你紧握
只想,和你携手游历
这世间所有的峰峦与谷壑
溪涧与江河,所有的
美丽与欢乐
(列蒂齐亚,其实我的愿望真的、真的
并不为过,在这样一个宁静美丽的时刻)

春　回

不是所有的美梦都可以强求
不是所有的悔恨都来得及补救
也没有哪一季的春色可以长久
离别之际,不是所有的远去都可以挽留
太多的遗憾
已不容我在你的怀里破涕为笑
剧情的波折往往出乎我们所料

我知道,春必将来临
满山的冰花必将纷纷落尽
那久蓄了整整一个冬季的渴望
终于,能得以逐次绽放
(凭栏凝望,江岸上会不会有你的音容
如昔回荡)

我是决心不会再招惹那些雨丝风片
不再触及,有关爱的零星的火点
四季本该如黑夜般沉寂
万物也都循规蹈矩
你我的缘起啊自一开始
就是两部互不牵连的皮影戏

那么,是不是我多虑了
春回,就我而言是不是太过奢侈了
是不是,悲哀就应该在暗穴里蜗藏
永不见雨露阳光
而欢乐,就应该保持着
极其低调的、旷世的
沉默

春 去

让我再看你一眼
再倾听一次你的心跳与呼吸
(你该不会拒绝我投身于你的怀抱吧)
让我将你的容颜深深镂刻在心底
连同这满地烟雨
都镌入我每一个忧伤的梦里
好能永远不忘记

原谅我不辞而去
有些演绎只有短暂才显得美丽

而春去秋来,泪水已将回忆洗得发白
想今夜邂逅却又只能擦肩消失于人海
月色依旧,山盟虽在,毕竟物是人非
我的心啊终于碎裂如一束零落的玫瑰

吾爱,让我学会欣赏
月光下自己影子所投射的长长的落寞
每一季能得到蜂蝶眷顾的盛放的花朵
不再轻易相信那些动人的许诺
也不再深信什么星座传说
或者,轻易回报他人眼色

不再被美丽的表象所蛊惑
任凭那些曾让我无法自拔的甘美记忆
都荒芜成这满园凄怆的
败叶,与,枯荷

白鸟之死

——心中有爱,再漆黑的夜晚

也一样星光灿烂
心中有爱,再寒冷的冬日
也会因你而温暖

贝加尔湖的冬日寒冷而又沉郁
你说你不愿留给身后一片荒凉的大地
以及大地上我的孤寂
也不愿加入一程没有爱的孤旅
你说,我们是不可分割的整体
纵死也要死在一起

你这么说时,我的灵魂在低泣
这个世界只有你不愿将我遗弃
也只有你愿意抱着我哪怕死去

如果说所有的不幸,都是因为
我的暗疾,我的断翼
因为我不能跟你同来同去
就像无法和你携手演完这场戏
我如何能不爱你洁白的绒羽

如何，不心疼你凄恻而无悔的嘹唳

他们说，那一夜的风雪惊天动地
寒冷百年不遇
却无人知道在你的怀里
我是那样地安谧与惬意
(若说天气，我们本不能抵御)

翌日，风云散去
一切复归平息
当有人发现我们时
已是两具冰冷的躯体
紧紧地，相拥在一起

凝结为一尊爱的图腾
颈项交织成两条连理的藤
而我们的精魂，则比翼在
点缀着白云、镶嵌着彩虹
极高极远极其蔚蓝的天空
亲爱的，告诉我
躯体只是标本
爱，早已永恒

附记：有一年冬天，在贝加尔湖畔，一位老猎人遇到了两只没有越冬飞走的天鹅。当时，雌鸟在一个水塘边扑棱着翅膀挣扎，雄鸟在上空飞旋啼鸣。原来，这只雌天鹅受伤飞不起来了。见此情景，善良的猎人决定把它带回去养伤，可当他靠近雌鸟的时候，雄鸟误以为猎人要伤害自己的伴侣，于是从半空中迅速地扑下来，用自己的翅膀重重地给了猎人一击，猎人只好无奈离去。回到家后，猎人一直惦记着那两只天鹅，可一连几天的暴风雪让他无法出门，等到风雪停时，气温已降到了零下40度。猎人不顾严寒，急切地来到了那个水塘边。可是，那两只天鹅都已经冻僵了。它们紧紧地拥抱在一起，雄鸟用双翼护着受伤的雌鸟，为它挡风遮雪……抱着一丝希望，猎人小心地把它们抱回了家，并给它们按摩灌药，想尽一切办法，可它们始终没有醒过来。有感于这对天鹅伟大的爱情，猎人把它们制成了标本，作为纪念。

弃 权

如果沉默可以抚平旧日的创痕
忘却可以拭去思念的灰尘
如果眼泪能够温润心灵的冰冷
那么我将不再持有任何幼稚的渴望
任何,天真的幻想
任记忆干涸成一片龟裂的河床

如果结局已无法更改
你我的登场也不能任由自己亲手安排
如果相爱之后只是相背
心碎过后依旧是心碎
风云变幻
罗幕后已经无法辨认彼此苍白的容颜

列蒂齐亚,如果相爱必须短暂
青春必须凄艳
如果逝水注定一去不返
如同月光下零落的花瓣
那么,我也只好选择坐视而不管
由着它,秋雨连绵

悔 过

当信念一朝被泪水模糊
当祈愿终于被秋风禁锢
我也只好将自己的身影,悄然埋入
黑夜里无边的孤独
在每一个无眠的秋宵
静静舔舐身为主角的哀怨
一似,一直被爱情冷落的花旦
寂寞而又凄艳

我只是到现在还不能承认
关于你的一切梦境明明是那样地动人
醒来后必须是另一个截然不同的版本
憔悴独斯人
每一次落泪足以在心间
灼下一道深深的伤痕

我爱,还有那几千年来钟情于承诺
却因此而受伤的谦卑的灵魂
以及,几千年来无辜的月色与星辰
她们不该,如我一般地
信奉同一个虚诞的誓言
也不该,如我一般地虔诚与信任
试图以温柔,打动冰冷

日　记

——无意抖落书中的花瓣
有些往事依旧馨香扑面

1

在一页页发黄的淡雅小笺上
羞怯地镶嵌着十六岁的秘密
以及,扉页间已干皱的泪迹
记得写的时候极为认真
可悲的是,到了今宵
连自己也都无法辨认

2

一直在做一件愚蠢的事
那就是将自己的悲喜反复提及
朋友,可有些痛苦
只能在暗夜里写下
然后在天明,毫不留情地删除

3

春回春去
我把诗居然写成了日记
毋庸置疑的是
我永远只是一个配角
而主角,却一直是你

情恨歌

——从小与你青梅竹马，相约在天山下
我们本该是天底下，最幸福的人啊……
(艾里甫与赛乃姆)

多少次在梦中与你相遇
在醒来时呼唤着寻找你
亲爱的，你的名字是我心中的刺
温柔而又锋利
多少次，向星空倾诉私密
多少次，对月坦白心意
尽管，思念的你远在千里万里

而今夜相见，却又别离
短暂的会面不能延展我心中倏忽的狂喜
只是从音容里还依稀可辨那个旧日的你
含情凝睇，无言相立

相逢无多话，原谅我泪如雨下
一切都只因从小与你青梅竹马
相约着长大
而今宵，却矜持如两具
没有藤萝相连的葡萄架
清晓，山岳暗暗
走的时候别忘了把思念踩在脚下
哪怕，海枯石烂，人各天涯

忠 告

灵魂已经麻木
自每一年春意复苏,终被秋风颠覆
诗歌已经槁枯
自思念于事无补,曾那样璀璨的爱
也只能维持到花落后寂寂谢幕
我的心啊已经荒芜
自几千年来细细碎碎的阳光和雨露
自绮窗下莲叶间无数个朝朝与暮暮
自乐府诗辞中未敢轻言的那层爱慕
自这一世纵然两处我爱亦非你莫属

对于幸福的感觉其实我一直很模糊
一如对美好的追求我永远都不知足
而如果放手可以补赎
那么我愿牺牲自己以成全你的幸福
我爱,所有的语句都可以重复
只是不想再重复某一个夜晚的孤独

于是,我只好把自己的泪水与悲哀
都禁锢在即将远航的漂流瓶里
然后,连同我的心碎一并抛入大海
亲爱的你呵

如果、如果它一朝无端撞入你的胸怀
请你千万不要打开
如果你坚持要打开
请你不要误认里面装的是海水
因为海水不会发出温柔的光泽
(而海水与泪水到底哪一种更为苦涩)
请你细细揣度,用心观摩
这个情种睿智而愚蠢的抉择
并且从中悟却
青春的过错,信赖的后果
以及相思的寂寞
并且,绝不能,重蹈我的覆辙

我已准备

——愿他用口与我亲嘴
　因你的爱情比酒更美

（《圣经·雅歌》）

我已准备，只待你前来
给我渴望已久的温存
烟雨朦胧
尽管我知道所有的酝酿
都只为绽放时那仓促的一春
而期盼千秋，终只为今宵
极短极短的一瞬
（我爱，即便只是千秋一瞬）

我已准备，闭目只待你前来
饮我月般的眉、梦般的唇
饮我画般的娇容
山水般沁人的花魂
（秀发流瀑，掬水涟涟兮，心似翡翠玲珑）

我已准备，只待你前来
饮我兰若般馨香的蓓蕾
醇酒般馥郁的花蕊

(胭脂味,惹人醉)
若是还不能够尽兴
请饮我,珠玉般颗颗滚落的幸福之泪

只要你心中葆有的对我的至爱
还正如,春般芳菲,夏般葳蕤
还正如,谜般绝对,诗般纯粹
亲爱的,我已准备,只待你来

冰　心

四季只能让痛苦循环往复
诗又岂能挽住岁月的脚步
爱情华丽登场又寂然闭幕
我们呵,也终于背道而驰
踏上两条永不会交错的路

飞红弹泪间,沧月升起
嫣然为你噙住最后一滴
想多少次携手并立,相偎相依
终究只能沦为回忆
想多少个花朝月夕
多少个,昼夜交替
毕竟只能还给过去

无语问天,为什么所谓的永远如此短暂
而昔日的盟与约只能是几句苍白的杜撰
诀别之际,说再多的话
都只是一种让人心痛的寒暄或敷衍
就用泪光目送你渐行渐远的背影吧
只为转过街角后你我便已漠然

而每逢花好月圆时

依然会有暗香疏影
穆穆前来为我逢迎
只是我那如止水般初愈的心
已经不起任何的同情与悲悯

如水的哀愁

白苹洲

落日的江楼
摇曳在空中的是我粉色的衣袖
想你从天际缓缓驶来
给我期盼已久的温柔
(我也许会伏在你的肩头喜极而泣)
然,北来帆、南去舟
终不曾见你为我挥手
斜阳下,只剩我如水的哀愁
如水流

杨柳岸

长亭深秋节,舟待人欲别
我爱,此时此刻
再香醇的酒恐怕也会变得苦涩
再美丽的景致也都是一种虚设
泪眼婆娑,心头话欲言又哽咽
而晓风残月,明朝你我已隔着江水千叠
当你的呵护融化了我前路上的一切冰雪
当你的陪伴已成了我生命里唯一的欢乐
我又如何舍得与你离别
与你离别我又如何舍得

长干行

秦淮河,横塘堤
上元夜的金陵,月明星稀
蓦然回首,谁料四目相遇
总觉得似曾相识,却又梦里依稀
终于忍不住停舟相问
奈你微笑着不言不语
原谅我的冒昧与惊喜
一切皆因我有心于你
含情凝视,脉脉对峙
而今夜相识,到底迟与不迟

采莲曲

记得年年采芙蓉时
岸边有你青骢相随
兰泽上芳草正葳蕤
然物是人已非,今年采芙蓉时
空余我的忧伤荡漾似一江碧水
心碎,纵采得芙蓉累累
终没有一朵能解我幽怀
荡舟且徘徊,渴念的你远在天涯外
朋友啊,若相爱的人永不能在一起
再美的绽放,也只是一种
枉然与浪费

花 逝

——月色如醉,为我绘出满地憔悴

我曾经,那样极力秉持过的爱的信仰
那样倾心呵护过的,我们的过往
难道真的、真的只是蝶梦一场
你曾经,为我承诺的种种渴望
种种,曾让我引以为豪的理想
难道只剩这满地,无辜的月光

繁花在孤独中寂寂开败
回首那爱,不觉悲从中来

欲哭无泪,每一次追溯依然撕心裂肺
只是有一种思念无法替代
江河可以干涸,天地可以分裂
时空,亦可以从此幻灭
可在那夐古的源头之上
有一种盟约绝不能忘却
有一种守护绝不容失落

而我今夜的思念到底有几多价值
到底,是否已经太迟

在多少个不眠的春宵秋夜里啊
我还以颤抖的喜悦欢迎你入梦入诗
而这一切,你到底
知与不知

觉　醒

——那么，我所不安的
恐怕不只是季节的更改
繁花的衰败

那么，我所不满的
恐怕也不只是秋雨过后万般的无奈
爱情凋谢后枝柯孤独地伸向篱笆外
若有一种承诺永不言悔
有一种记忆永不会苍白
就像一条源自于昆仑山的溪水
汇合下游的眼泪
忠诚地流向大海

或者，像山冈上的那一轮月
永葆沉默
（想必你也相信她不变轮廓与颜色）
而我依然渴望着
在温暖的月光下你轻拍我入眠
一如当年
而晓风使我预感到自己的欣喜
已沦为回忆，尽管这并不多余

从忧喜参半的梦境中走来
耳边回荡的依然是藕花深处的鹭啼
舟上月色的旖旎,和风度翩翩的你
回去了,再看到杨柳梢头的残月时
我的不安终于升华为一个
永恒而又愚蠢的谜题

为什么有些东西必须要到失去
才悔悟当初应该好好珍惜

释 怀

不再回头的
岂止是脚下溪水的奔流
也不是那年山花烂漫时
转过山道旁的相思木后
你远远的回眸

我爱
就在蓝天与白云的凝视下
我把我的一生都赠给了你
一如所有的怀春女子
我晕眩地渴望能融进你的怀里
尽管在你看来
这样的取闹近似无理

夜雨断肠,汗青记载的不只有辉煌
还有不为人知的,悲凉
用五千年虔诚的祈求与盼望
精诚修得,今宵我眉心沧桑
你发梢如霜

能不爱就不爱吧
若爱变成了一树不结果的花蕊
枝头也只是伤痕累累
就像一盏不得不举杯
却又无法下咽的新醅

背 影

——只缘感君一回顾，使我思君朝与暮

（古乐府）

我常揣想
在临海绿草如茵的山坡上
如果没有熏风，没有斜阳
在轻柔低唱着的溪涧源头
如果、如果你没有回眸
余生我将不会有种种无端的忧愁

凝神间，绳结依次系好
如山洞里玄秘的原始素描
穿越过千年时空的隧道
每一转身，也都晶莹光耀
可笑却是一把
扎在内心深处温柔又锋利的刺刀

而光阴如潮
关于厮守与拥抱
不过是两具扎成人形的稻草
于是，每每经过旧时的山道
灰色的街角
我留意寻找
寻找，那袭被岁月洗得泛白的衣袍

刹那的心痛

山　樱

如果凋谢也是一种落泪
满山飞红，竟没有一人知我
山樱的心碎

纸　船

是哪个多情的人儿
给海洋写信
潮水可不懂浪漫
每一次都会把你的心意
无情地搁在起航时的沙岸

时　钟

当时标以微笑的姿态
把美丽摧毁，将记忆粉碎
指针却无辜地辩解
自己只是在原地徘徊

雨　后

而我知道，你一定会原谅
一定会包容
再见雨后仓促的彩虹
一个女子心中，顿生的
刹那的疼痛

无 奈

来不及解释,来不及回答
今宵,在朦胧昏黄的灯下
数我早生的华发
有些记忆在不经意间
触痛了内心深处
那不曾痊愈的疤

本以为可以就这么掩饰过去
用面具,用珠玉
然长夜漫漫
枕上的泪痕又泄露了我的秘密

是什么将命运装订得如此拙劣
然后又藏形于幽冷漆黑的岩穴

是什么,在夜的帷幕背后轰然狂笑
在奔流不息的昼夜间
置我们于不同的轨道
美丽伊始,人们纷纷退票
而我们却没有任何反驳之力
最终也只能寂寞地,寂寞地
老去

良　夜

——我爱，让我们紧紧守住
这婉转美妙的一切，这月明星稀的一夜

于是，夜如约而至
而我知道，所有的美丽转瞬即逝
任世间哪一种挽留
也都，无济于事
无法找出陨落的缘故
地萝交相延展着我的痛苦
在决定自己弃权后，终于发现
你是我投奔时唯一的去处

月色离我虽有咫尺之遥
光影却如千年来一样飘缈
怀揣着无尽的欣喜与疲惫
我向你飞奔而来，期待你
温柔地拥我入怀
你说，今宵的我比月色更美
（我爱，原谅我在你的肩头微笑着落泪）

沿着海岸就这么漫无目的地走
让你的右手牵着我的左手

让此刻永驻
沙岸永远铭记我们的脚步
而多年后当我们再来回顾
每一个足迹依旧光华夺目

请将我拥紧吧
让这一波一波幸福的浪
前来将我们,深深埋葬
再请吻我羞涩迷离的面容
那令人晕眩与窒息的
渴望千年的温存

我爱,我们可不可以化做蔓生的藤萝
可不可以,相拥着
紧紧守住这婉转美妙的一切
紧紧守住,这月明星稀的
一夜

情　书

繁华湮灭
在岁月的河流中
为什么时光可以君临一切
而我们却要一再地错过
所有美丽的夜色,美丽的时刻
甚至,要把那些温柔古老的话语
羞怯战栗的诗句
流着泪封缄于彼此的心底
然后,妄图永不再提及
永不再,回忆

轮回之恋

——我爱，谁能给我描述幸福的模样
在古老的河流之上

在古老的河流之上
一直有一种芬芳的渴望
如梦里隐隐的花香
似熟睡的你在我身旁
脸上洋溢的细碎月光

夜风轻扬，草木循序生长
亲爱的，我知道今宵我所享有的
是你为我准备了一生的甜蜜时光

梨花院，杨柳岸
我们的故事基于古老的铺垫
而如果真有前缘
我们必是继续着他们的爱恋
不然，怎么会重复月光一样的思念
而若干年以后
想必又会有人按照我们的习惯
漫步在月下温润的海岸

甚至,继续做我们没有圆满的梦
写我们,只写了一半的诗
就连彼此轻唤的名字
也会是我们曾经用过的词

(在公园的石凳上
在开满了野百合的山道旁
男孩温柔地把花插在女孩的秀发上
和我们当年一样)

雨夜

就这么微笑着把痛藏起
微笑着将记忆抹去
就这么云淡风轻地说声再见
然后昼夜交替,山林变易
年华,不再如玉
不是说水墨画里最美的地方
在于,留白的大智若愚
如果你坚持着非要离去
在这个迟来的缠绵的雨季

我本来可以写一剧浪漫的传奇
然后给每一朵野花都起上名字
本来,你该是我生命里
最动人最优美的那首诗
可是宇宙在变,人心也变
到了旅程的终点
或者,冷雨的夜晚
亲爱的,我只剩下无尽的思念
以作为款待自己孤独的,盛宴

山 路

——陟彼南山，言采其薇。
　　未见君子，我心伤悲。

（《诗经·召南》）

我一直渴望着能和你
携手走上那条迷人的山路
山上应该有清泉，有花树
或者，有传说中的梅花鹿
你好像也答应过
要带我上山去看日出，看日暮
在古老的记忆深处

云淡、风轻
可悲的是，直到今日
我依然没能够，与你同行
独立于开满栀子花的山坡上
谁能告诉我，该欣喜还是该悲怆

多年后在一个湿润的梦境里
我们踏上了那条美丽的山路
你殷勤挽我拾级而上
青草依旧芳馥，柔风依旧和畅
在那样一个温柔的夏日夕暮

早 退

我想,我还是放弃所有的努力
放弃所有的挣扎,让前功尽弃
我想,我还是静默地回到我的过去
回到,那个没有锋芒,无关爱恨的
贴在贝壳上温暖舒适的象牙塔里
我想,这是一个很好的主意
(如果彩虹迟早要消逝
而容颜最终要老去)

天空从来都有风霜雨雪
月亮也重复着阴晴圆缺
在樱花烂漫的季节
我决定不向你道别
我想你知道,那样我就不会
像此刻一样决绝

让风肆虐过我的脸庞
荒草漫过我七月的裙裳
让最后的思念伴着惆怅
加速生长
在落日苍凉的高岗上

让花死在风雨之前
让泪落在梦醒之前
让心碎在诀别之前
让我以潇洒的姿态遗弃演员
在帷幕即将遗弃我之前

岁月的肖像

有些心结
年少的时候我们无法解开
直到多年后的一次意外
我才恍悟那些真相的来龙去脉
那些,光与影的点缀
原来都是一种不可少的安排
让今夜的我终于明白
终于明白,却发现已隔着深深的无奈
刹那间,红霞满天,流云飞散
才发现我们的昨日充满了遗憾

仿佛是一场赶不上的热闹
命运总是喜欢开捉迷藏的玩笑
就在此刻之前
台下还是笑语融融
等到我满怀欣喜出场的时候
人去楼空,暮色深浓
只剩下我无助地立在斜阳中

这一生中有许多无法遏制的变故
任谁也不得不向它臣服
在古老的记忆源头

我知道,我们一度曾相互拥有
而余生却要相忘于时光的河流
他们说,美丽永不会为谁停留
于是,我只好邀请月光
夜夜前来抚慰我的忧伤

脸上的泪水都已被风干
不能风干的是心中的思念
心中的你将永不再现
再现的,只是一些零落的花瓣
衬着几帧记忆的碎片
在梦里回旋,然后消散

极短篇

烛

不计回报,静默付出
烛的爱情是,燃烧自己
以做我们黑夜里的双目
为此,粉身碎骨

烟　圈

深深吸入
轻轻呼出
永远是一顶
来不及戴到恋人发间
就已碎裂的花冠

流星雨

陨落的绚烂
像我们遥远的初恋
总是在夏夜的星空
寂寞地剧终

剧 终

就像暴雨后的彩虹,来去匆匆
所有华美的绽放啊,都只为了
迎接下一秒出场的晴空
夏夜的爱恋
其实也由不得我们来掌控
在花落时极短极短的一瞬
内心总会掀起隐隐的刺痛

当时光蹉跎着离我远去
我知道,有一天我会将你
慢慢地忘记
尽管,每一个无眠的夏夜
开窗仰望的仍是当年的月
而面海山坡上和煦的斜阳
仍是当日的斜阳
可总有些心情已不复往常

抹去油彩,擦掉眼泪
让我默认这段,已散戏的爱
而余生,在人来人往的街角
我们蓦然相逢
不论是迎面还是接踵
也都无法辨认,彼此幕后的面容

幻 灭

无法留住古老的辰光
无法,消除岁月冲刷后的沧桑
在几千年盛衰与兴亡的轮回里
如果陨落也是一种辉煌
请饮我今宵细碎的忧伤

(徘徊于时光的岸边
到底什么才是金玉良缘
又为何到了最后的最后
都只剩下似水流年)

变迁如此迅捷
让沉浸于梦里的我们浑然未觉
等到我们醒来时
明月已失去了初始的光泽
海岸也改变了旧日的轮廓
除了几篇尘封的乐府与歌赋
依然记载着那夜的月光和海水的温度
(举头望月兮穆穆,君兮君兮何处)

到了故事的终点
所有的语句都显得比较和缓

我也从最初的激动变得从容坦然
可是,那种对紧拥时甜蜜的怀想与渴望
从来就没有消停过
每当夜色来临
就会袭入我、袭入我
透明柔软的心

茧

我如春蚕
用自己虔诚的信仰
与,期盼
夜以继日地编织着
梦想中那永恒的爱恋
如丝的,缠绵

因此,甘愿缚身为
一具,金色寂寞的茧
寂寞地贴在梦的褶皱间
以期待破蛹而出时
完美的,蜕变

晚　唱

（新律十四行）

——记李清照《如梦令》

还记得那个盛夏的傍晚
看望女伴后回去的路上
我醉意蒙胧地驾着小船
在经过溪亭的荷花荡时
看见了一个骑马的少年
在岸上望我，目光流连
害我的小船搁在莲叶间
明明是因为自己的迷糊
让船搁浅，却要装作是
采莲女子专门前去采莲
躲在莲叶后面，我的心
如同惊起的鸥鹭般慌乱
而你呵，一定在堤岸边
微笑地审视着我的不安

抉 择

月落时,终于明白
所谓命运,就是那不愿接受
又无法拒绝的安排
迎上前来,迎上前来
那一杯不可饮,却又不得不
为之一醉的新醅

爱情是一杯烈性的酒
饮了才知道
除了欢乐,还有悲愁

月落后,我静候着命运的判决
无奈都是一些没有选择的选择
因为不管是哪一种结果
都会让我心碎
让我,在某一个满月的夜里
歉疚地落泪

了　悟

总有些起因
是我们无法抗拒的
总有些变故
是我们无能为力的
列蒂齐亚,总有些结局
是我们,是我们无可奈何的

到底是什么
匍匐于生命里必经的险途
趁我们不备,或者失足
前来将爱无情俘虏
(我爱,到底是什么如此的残酷)

风流云散,为什么故事只有到了终点
所有细微的遗憾才开始显现
而此时再来回顾我们的来路
花静鸟喧,风和日暖
意外地充满了诗意与浪漫
原来四季可以如此丰美
我们可以拥有一段无瑕的爱

(原来,那个寒冷的清晨

你就在我的窗外
而那夜的月下，其实你可以坦白
我也可以偎在你的怀里，开心地落泪
原来……)
故事的寓意多年后我们终于了悟
可悲的是，往往这时候戏已落幕
戏已落幕

幽 意

——清商随风发，中曲正徘徊。
　　一弹再三叹，慷慨有余哀。

（汉·无名氏）

千年以前的那个月夜
果真如今夜般迷人吗
还是说
那个恋月女子弹唱的
就是今夜我所唱的歌

歌声悠扬，每当有月亮的晚上
我们总是禁不住一唱再唱
唱出一个痴情女子淡淡的忧伤
羞怯的渴望
唱出，那子夜歌里的失落
采莲曲中，如水的寂寞

今夜，明月仍是千年的明月
只是我的歌声里
多了一层隐隐的凄切
曲终后，却是漫长的夜凉月寒
夜凉月寒，在步过花影婆娑的玉阶时
一个柔弱女子
也只能隔着冰冷的石栏
含泪揪下几片花瓣
然后，撒手任风吹散

月的疑问

1

缄默、无言
照了秦淮,照了祁连
永远以冷眼
俯视人间恩怨
(秦时明月,曾照汉时关)
今宵,又要加剧我如水的思念

2

为什么会有那么多的人
钟情于月光
可是一到天亮
总会将昨夜的月色连同许诺
恍惚着一并遗忘

3

而那些发生在月下的美丽的错误
总会被原谅,甚至
多年后在某一个类似的月夜里
我们总会微笑着回想
回想那段青涩的过往

宿　命

今生
注定与你无缘

属于我们的
仅仅是一些悲切的忆念
我爱,请给我一张洁白的画纸
一具,七彩梦幻的笔砚
再请赐予我冷酷如岩的灵感
好让我、好让我描摹出
那些虚掷了的青春
荒废了的,流年

落 幕

一如春去
一切抗议都是那样地无力
静默转身,无言离去
遗身后一片苍茫的大地

昼夜依然会重复着交替
四季也循着定律黯然继续
历史就这么一页页翻去
而夏夜的传说尚在演绎

从此去,这世间的一切都属多余
我也被认定为,一具
在向世人证明所谓局外的
淡漠而乐观的,躯体

矛盾的心

落花渴望着重回故枝
种子却期待着拥抱大地
在这个湿润多情的雨季
我们也相约着做最后的别离
别离后我将昔日的一切都删去
不留下一丝月华或斜阳的痕迹

人如去日般越走越远
迎面而来的,尽是些
陌生而沧桑的,日月和流年
(奴去也,莫牵连)

而昔日的甜蜜与欢乐
终将在岁月的冲刷下
沉淀为一首
含泪所唱出的悲咽的歌
我也只是在幕后静静反省
所有关于散戏的成因
以及,那颗尚未焐热就已冷落的心

剧终之后,我的悲哀是
你还会不会想起我们过去的种种

会不会，在想起我的一瞬
忽然暗淡了面容
甚至，和我想你时
一样疼痛

信　念

——我于爱情
一如等待雨是伞一生的宿命

一定有些渴望能开花结果
一定有些虔诚能修成正果
一如我所笃信的三生石上缘
那目光相汇处所传达的温暖
一定有些美好可以如愿
即便这只是一些空泛的信念
只是,几句安慰寂寞最动人的许愿

暮雨必是在倾诉着某种缠绵
斜阳必是陨落时知足的依恋
诗歌则记载爱情宏伟的意愿
我们,是两条被爱祝福的
永远交织在一起的藤与蔓

原以为故事就这么自然上演
殊不知生命里有许多不可知的嬗变
迫使至爱的你越去越远
决裂如殊途日月,心隔三千光年
从此夜夜

我只能反射你永恒的忆念
折射你,昔日的胸襟与容颜

(那么,所谓信念
到底能够坚持多远
在阿塔卡马干旱的盛夏天
我是一把没有见过雨的伞)

自　省

我想，我可能是被诅咒了
不然怎么会爱得那样深邃
又逃得，如此狼狈

我想，我可能是太想爱了
以至于，无法将你淡忘
又只能，站在爱的路旁
静静观望

我想，我可能是走火入魔了
不然，怎么会固执地偏袒
诗是爱的终极画板
你是我的，全部财产
（在很久很久以前）

在很久很久以前
爱单纯得如同橡树与木棉
根叶相连，共撑一片蓝天
无奈红楼梦醒，往事恍如幻影
却只有我知道，那夜花香虫吟
星稀、月明

禅　悟

——无因无果，因空无醉；
无过无悔，空空如睡。

1

让我领悟，这是佛的语录
就像爱你是我不容置疑的
全部幸福，所有义务，所有
存在的理由，以及，隐痛的缘由

2

我爱，让风就这么吹拂过去
让夜的涟漪就这么弥漫开来
兰心静穆如佛前长明的灯台
引渡情天苦海，彼岸莲花开

3

他们说，梦皆泡影，爱本幻境
那是他们心中没有信仰与寄托
因为两具至爱的躯体已经是佛
不管相爱多么无奈，或者迂回

4

善哉，终不能如菩提般面壁清净
当你的种种，还正伴我如影随形
因此，关于将你禁锢，或者罢黜
恕我真的，真的，无法大度

葬 我

我是一枚风中的落叶
翩翩是我的舞姿
大地是我的允诺
我是天空最绚烂的一抹
是季节,不舍的杰作
是秋啊,七彩的蝴蝶
斑斓的,笑靥

我是一片雨中的花瓣
忍着隐痛寂寞飘散
咽住香泪无语沉淀
枝记载了春天的爱恋
根诉说着秋日的思念
因为入泥不染,所以不凡
因为无悔无怨,所以凄艳

我是一颗月下的种子
播在可可西里荒寒的冬日
我长成了一株芳香的栀子
可是,我的叶与花
又要重复前世的经历
命运啊,你是我一读再读

无法释卷又不能酬和的那一首诗

列蒂齐亚,当岁月缓缓老去
我也决定,投身最后的皈依
就葬我于大漠戈壁,草原雪域
或者,江南温润的烟雨里
让我化作一抔无形的记忆
一掬,不为人知的秘密
回归到那片遗忘的天际

质　疑

若我今夜的所为所作
都是一种消极的喜悦
都是一些,绞痛的欢乐
或者,是一幕伪装的华丽
一句,无奈的笑语

那么,爱之于我
则是一具精致的寂寞
一颗,甘美的苦果
一曲啊、一曲悦耳的悲歌
或者,是一出壮观的陨落

思念是一种单调的重复
却极为顽固
关于知足与幸福
我还需要足够充沛的证据
足够,具有说服力的蒙蔽
或者,自欺

咏叹调

聪明的,告诉我
蝶是鲜花舞动的妆奁
云是天空静默的语言
诗是季节长明的灯盏
而我,是你的全部与永远
是你的,死死生生,岁岁年年
最不可亵渎的花一样的爱怜

聪明的,回答我
这正是我想要的信果
请给我一份长长的许诺
一朵,永不会凋零的百合
在这个祈求了千载的良夜
乘花未谢,月未落
而繁星,正因你我而闪烁

美人鱼

忠于大海般的诺言
忠于,那流星下的许愿
那曾放生过一条鱼的少年
今宵,在月下荒凉的沙岸
请允许一个痴情的人鱼女子
以感恩的名义,为爱搁浅

低　吟

入秋之后
我也只剩下
一袭薄薄的衣袖
以作掩饰隐痛
最凄美的甲胄

东篱邂逅,人比花瘦
从诉说的热泪里
犹见我当日寂寞的守候
就偎进你沧桑的胸怀
(听你、听你轻唤我宝贝)
让温暖伴随紧拥缓缓袭来
而晚霞,正安谧地挂在
斜阳之外

一个晴雪的午后

(到了最后的最后
所有的情节，都显得
极其虚构
恕我不能抑制我的悲愁
就像无法禁锢云的出岫)

于是，我也只好小心地
将我的言辞提炼得极为纤柔
如同描绘一幅精雅的刺绣
以含蓄的笔触忏悔我的罪咎
婉约演奏，我的歉疚
以自欺的掩饰啊
坐等记忆生锈
可是亲爱的，你知道
这样的伪装终究是多么荒谬

到了最后的最后
我也只好，将我的笑容
凝固成一具复杂的简陋
一席，没有准绳依据的理由
在北国岁暮的旷野上
我也只是紧一紧衣袖
好能护住那颗风中低唱的心
不让寒气来侵透
在一个晴雪的冬日午后

絮 语

歌 者

每当夜幕降临
歌者们总禁不住轻抚竖琴
尽管没有多少人懂得聆听
那种发自肺腑的天籁之音

战利品

当然,你也知道
我是多么的乐意,为了你
放弃我曾坚守的所有领地
如同一座不攻自破的城池
多么乐意,做你的
最最诚服的,战利品

网 络

或许,你根本
就不在电脑前
可是,电脑这端
我正毫不知情地啊
急切地,等你上线

无　缘

而在时空的另一端
亲爱的,我是江南
年年七月亦诗亦画
国色天香的莲
总是盛开在
你来临之前

不治之症

那么,让我确认
这就是你我无法根除的矛盾
无法,阐明与根治的啊
扼腕绞心般的,病痛

挽　歌

像所有的绮梦一样
到了握别的终场
诗句的末行
才哽咽着读懂
爱之于你我,终究只是
一觞,浓郁苦涩的泪酿
一具,华丽生动的
陪葬

女儿心

——斜风细雨作春寒,对尊前,忆前欢。
曾把梨花,寂寞泪阑干。

(宋·朱淑真)

找不出,丝毫
有关花落成因的端倪
(是前日乍暖还寒的天气
昨夜恼人的风雨
还是今晚无奈的别离)
于是,我也只好努力地避开
那些容易煽情的字句
在南国露浓花瘦的春夜里
努力地避过啊,那些锥心的记忆

然后,像收集花种似的
将那些旧年的允诺
细细包裹
并且满怀希望地说
有一天终于能够,开花结果
请你一定要容谅
一定要,微笑着认可
这个无可救药的痴情女子
今夜的,自圆其说

诗的随想曲

还有什么斟酌的呢
还有什么余地选择
今宵的诗与月色
也不过,是一曲匿名的悲歌
今宵的我,也不过
是暗夜里,一盏荏弱的灯火
一具擅长隐身的,躯壳

当思念,终有一夕
零碎如风中的落红与飘絮
这苍白的余生里
到底还有什么值得言喻
值得我去,负伤或哭泣

亲爱的,当时光越走越远
终于看不清你昔日的容颜
在几千年星月璀璨的夜晚
我留下了几首沧桑的诗篇
而每逢无眠,就像潮水般
荡涤着你的从前
呼唤着我的昔年

诗·葬

——人成各，今非昨，病魂常似秋千索。

（宋·唐婉）

不是我们所希望的
不是四季所故意的
悲莫悲兮
也不是，诗歌所情愿的
十六岁的那个春夜里
想你无言地踏月而去
弃我以，无尽缠绵的
回忆

绵绵、密密
像轻拂花心的熏风
是浅湿燕翼的酥雨
像初吻时如痴如醉的甜蜜温存
是紧拥里魂牵梦萦的芳菲气息

可是，亲爱的你也知道
越是叫人迷恋的追溯
就越是让人，牵肠挂肚
而我也知道
梦里的双飞双宿

只能加剧醒来后
铺天盖地的孤独

就以诗来做灵魂的缔结吧
如果一滴泪可以补偿
一段消逝的甘美时光
如果一首诗的悠扬
能够让我,在梦里
温柔偎进你的胸膛
能够让我们的魂魄
夜夜相访

怀 疑

是不是,所有的心情
都应该隐姓埋名,藏影遁形
是不是,所谓光明远景
琴瑟和鸣
其实也就只是,就只是
明知难以遂愿,却依然
虔心不疑的,信念

升 华

有一种向往
在遥不可及的地方
有一种渴望
随风飘荡,没有方向
有一种记忆啊,如糖
非要甜到悲伤
有一种守望
自来就没有,希望
如同参商,有一种爱
只能、只能天各一方

极愿,如浴火凤凰般
涅槃于星空下巍峨的山巅
姿态翩跹,动地惊天
洗去前世的所有纷繁
心在煌煌真火中淬炼
然后,我的灵魂会是
壁画里穿越千年的飞天
撒下永不蔫萎的花瓣
播给人间美好的祝愿
自己却不懂缠绵
因此,与爱无缘
(可是,这又是多么的荒诞
可是,这又是怎样地如愿)

悲 吟

——只有旧罗裳，偷沾泪两行。

（清·沈御蝉）

是前缘钦定的悲哀吗
是不可违逆的命运吗
如是，就用我今生所有的泪水
作为对你晶莹柔润的回报吧
用我所有泣血的诗章
来作对爱神圣不容亵渎的褒奖

在一行行清冷的字句里
总有那么一些捕风捉影的记载
多希望你能读出我无悔的怨艾
以及，疼痛的快慰

（花谢花飞花满天）
因何我往往在春宵夏夜里失眠
只不过醒来时分习惯强作欢颜
亲爱的，你的背影是我的梦魇
一去何远！是天尽头吗
天尽头，一无所有
难道我心也该一无所求

列蒂齐亚，原谅我不知所终
何去何从
只记得梦醒后人去楼空
在一个九月的寂寞黄昏
在菊香阵阵的凄清园中
只记得，我哆嗦着吟道
（昔日相绽阳春心
今朝同为，暮、秋、魂）

心　悸

此刻看来
你只能是、只能是我心底
最最旖旎,最最温柔的
那一份,有着天空般颜色的
微微湿润的,绮梦

藏得浅了
怕化作一缕风
若是藏得太深
又怕沾上灰尘
让多年后的我
再也感受不到
那份亦幻亦真
那份馨香袭人

让多年后的我
再也触摸不了
那股春风吹雨般的
柔软与喜悦
那掠,冬日初阳般
淡淡的暖意融融的
苦涩
(一如窗前那只秋后的蝶
总是找不到,盛夏的花朵)

不要问我

不要问我为什么娇弱
或许，是因为
秋风萧瑟，冬风凛冽
不要问我为什么静默
你知道，有些话语
说出来反而会显得黯然失色
不要问我，为什么面色苍白
至少那样
你可以从五彩的人群当中
一眼认出我来
不要问我为什么经常落泪
不要问下雨或飘雪的原委
明知爱的花儿已经枯萎
可是我，还是忍不住
一遍又一遍地，灌溉

迷　津

——记梦

在一个梦里
尘埃落定,千帆过尽
斜阳下的渡口
总是找不到你的身影
人人面目狰狞
就是没有,我所深爱的
那双温情的眼睛
找着找着,不知为什么
我只剩下一颗赤裸的心
在风里摇曳,鲜血淋淋

天亮了,可我还没有醒
只觉得自己又在冒雨前行
路旁有许多花花绿绿的伞
却没有一把能够遮蔽雨点
这时,你终于出现在眼前
可是我,怎么赶都赶不上
距离,也越来越远
我哭着大声地呼唤
却发现,我的声音
小得自己都听不见
我该怎么办
我该怎么办

幻

能不能,让灵魂进入冬眠
让心,从此麻木不再敏感
能不能,让季节停止运转
或是,滞留在春天
抑或,盛夏的夜晚
能不能啊,让我们
永不相见,永不会
因花落而顿生思念

生活如天空般纯粹辽远
自由快乐的我们,只是
偶尔飘过远山的一缕云
轻轻地擦肩,道声您安
从容而简单

在那个蔚蓝蔚蓝的伊甸园
还有好多飞鸟与我们为伴
而且他们每一只
都会唱欢快动听的歌儿

每当夜晚
月亮总是害羞地挡着
她美丽而慈爱的容颜
那些小星星老是一闪一闪
仿佛在向我们调皮地眨眼

暮　歌

翠微郁兮
当身体每一次融进斜阳里
总想起,那个暖暖的夏季
想起,微风轻拂你的衣
你的发,还有路旁那丛
静静开放的,鸢尾花

所思远兮
想我们并肩拾级而下
沿途,你说了许多
让人羞涩的情话
我爱,我热热的脸颊
像天边的那一抹霞吗

心何悲兮
所谓年华,不过只是
回首时极短极短的一刹那
如果,你当初没有说出
那句温柔的话
在十六岁
那个花香淡淡的盛夏

写照

不知为什么,我总是
迷恋着一个人的夕暮
迷恋着,某种将尽未尽时
深刻的,缓慢与仓促

不知为什么,我总是
喜欢一个人静静地走到
目光所拟定好的远处
然后,再微笑着回顾
一路上,那深深浅浅的脚步
以及途中,所有细微的情愫

林外阳光眩目
不知为什么,我总是
倾心于一个人的孤独
你知道啊
有一种久远的痛楚
一直袭扰着我的心
如梦里的烟雨水雾
虽然记得清清楚楚
却又无法一一说出
无法,用诗来表述

悲　剧

——芙蓉寂寞小亭秋，黄花伤晚落，相对倍添愁。

（明·郑如英）

不知道，这世间有没有
有没有一种至爱
素洁如雪般晶透
单纯如指般相扣
不知道，这世间有没有
有没有，一种从容的守候
有没有啊，一种魔幻的酒
饮了就可以
忘却昨日的，所有

到了临终时刻
记忆如月光般静静筛落
而我们，总是一无所获
除了一些，菲薄的缅怀与不舍
列蒂齐亚，在时光阴郁的河流上
请谅解，我那颗难以取悦的心
请谅解蓝色星空下
那莲花开落的籁音

初　夜

光像先知的古训一样
终于把我们姗姗照亮
那最初最初的
隐忍与冲动
是一湾星云的混沌
而我们璀璨的爱情啊
在那充满悬念的夜空中
就已经、就已经
开始，孕育播种

青春之歌

如何让我
在向过往举杯的时刻
保有一种从容的快乐
如何让我
在每一个嫣红郁绿的季节
微笑着面对所有突发的转折
你的背影似云影般轻轻掠过
无法重现的
是远处海风淡淡的清冽,和
那个午后,金色阳光的错落

那时候,海鸟高翔
鲜花朵朵衣我华裳
而你的歌声正悠扬
我们对于爱情慌乱的想象
其实和蒲公英对于天空的渴望
没有什么不一样

光的使命

——你若是蓝色晴空
我愿是你怀里，那一抹洁白的云

可是，想你也知道
悲剧的起因
除了非难与功名，还有
爱情，而我也明了
仲夏的天空，有阴有晴
也有，闪电与雷鸣
于是，到了百年之后
我们也只好怀着怜悯
僵硬地把所有的辛酸
剪作平面刻板的皮影

你的爱如大海般深邃
我是你玲珑精致的贝
可是此刻，我不得不和你
说声再见，请你将我弃置在
贫瘠凄冷的沙岸

(若我早知离与弃的命运
终于也没有什么过大异同)

亲爱的,你是雨后斑驳的阳光
我是那一拱倏忽散去的七彩虹
所有反射与折射的相投啊
其实都只为
消逝前那美到疼痛的,一瞬

无题诗

请不要将我的祈盼
诠释为一种诗意的迷恋
请不要将我的怀念
理解成幼稚多余的流连
也请不要,把我的多情与流泪
看做是秋汛决堤,春潮泛滥
不是所有的琴弦,都能弹出
古乐府里凄美的关联

(只有融泪啊,也只有融泪
才会在滴落的刹那间
如此铿锵又柔软
如此,掷地悦耳)

所以,请在满月的夜晚
在暗香袭人的桃底菊边
轻轻吟诵,这个经常在花前
偷偷落泪的女子
浸着微凉的语言
静静翻看,这个谦卑灵魂
流于欲言又止、欲说还休的诗篇

长安月下,姑苏桥边
一千年的时光是何其短
我们又如何能够了然
桃花始燃,风雨相连
美丽的总是愈行愈远
直至,连忆想都需要
向自己做一番,悔忏

山　月

于是,起雾了
月光透叶蒙蒙如纱
而石阶上苍苔湿滑
请夜露不要惹哭林花
因泪光映着悠悠月华

你总是温文尔雅
即使是沉默也一样潇洒
我喜欢听你说这说那
什么祁连山晶莹的雪
敕勒川下飞奔的骏马
什么江南是梦里的水墨画
还有那去年万圣节的南瓜
你滔滔不绝,无所不知
却、却从不言及啊
任何让我面红耳热的话

我知道,你高尚
且有着一颗善良的心
那么,就把我拥进你的怀里吧
只为月色如酒如画
石阶冰凉苍苔露滑

请千万不要不置可否
给我濒临绝望的回答
请夜露不要惹哭林花
因泪光映着悠悠月华

最后的谋杀

——烟花绽放之后，剩下寂寞依旧

如此，请容谅
在浮华喧嚣之际
我总是悄然隐匿
总是，孤独地转身离去
(当然，所有的分歧
并不是因为我的叛逆)

只为无人能够像我般了若指掌
列蒂齐亚，因我曾一一地亲尝
夕阳虽然辉煌，可惜好景不长
流星的起航，只是在逼近沦亡
而我们爱情的火苗，一经燃烧
忧伤就以迅捷的速度将它扑灭
只留下两颗近乎百孔千疮的心
伴随着交替的昼夜，日渐碎裂

附记：月牙泉处于鸣沙山环抱之中，沙不侵水，水依沙存，相映成趣，为数千年来沙漠之奇观。据史料文献和诗词歌赋载，曾经的月牙泉碧波浩渺、芦荡迎风、游鱼戏底，如明珠般镶嵌于大漠中；近几十年来，由于人为的干扰和环境的恶化，已使今天的月牙泉风光大减，濒临干涸……

迷　失

风卷,云舒
吾爱,所有美丽的旅程
都在朝结束惶急地过渡
于是,到了最后的最后
能够完全,属于我们的
只有那条无法回头的路
和你我逐日模糊的面目
在时光缓慢的衰竭下啊
衬着记忆发黄的画布
茫然地向周遭,环顾

飞　天

不论是壁画还是雕塑
抑或,舞台上形象的表演
在静穆庄重的立体与平面
浪漫的艺术家们总是习惯
用长长的彩绦和粉红的花瓣
将我妆绘得极为优雅与梦幻
且不食人间烟火也无关爱恋

可是,他们一直都没有发现
在我修长纤指的婉转流动间
琵琶弦上细细流淌着的幽怨
已经默默诉说了,我千年的
寂寞和渴念

漏　洞

列蒂齐亚，谁能让我彻悟
那最初最初的华丽，和
最后最后的孤寂，以及
它们之间究竟是以怎样的原理
怎样致命的过渡更替，永远地
将我们、将我们啊永远地分离
从有到无，从盈到虚

而潮落潮起
昨日终只存于彼此的心底
我们就这么苦笑地将灵魂
镀进种种违心的，桎梏里
然后，再刺上花哨的纹饰
一再地告诫自己请别哭泣

仿佛那时的柔风与细雨
温暖与美丽
已遥遥地远去，不复回忆
没有料到的是，诗却成了
我唯一透明的面具
也终于将我的忧郁
暴露得，一览无余

一千零一夜

序

如果你知道午后阳光
如果你知道碧波荡漾
如果你相信荷风送香
如果你相信鸥鹭低翔
如果你领会伊人深情的目光
如果你领会蒹葭深处的彷徨

饵

本来我可以无虑无忧
绿水长流,白云悠悠
不愁落网亦不会上钩
在那个斜阳下的渡头
若你没有,驻足停留
若你没有微笑着回头

毒

今夕何夕兮
宿缘千载终得相逢
今夕何夕兮
拜天地歃血与子盟
此去前路险象环生

而君心只独我一人
纵我早知九死一生
也不惜,含笑饮鸩

诗

那么,即使躯体付劫
我们还有诸天神明的赞许
还有,一种纯然极致的方式
来歌颂爱的真谛
来延续爱的传递
当万物绝迹,当我们老去

绝　笔

就像失去了空气
自告别诗的那一刻起
诗人落颜就已经死了
他走时驾着一片七彩的云
微笑着、微笑着随风而去

初 愿

——这世界，是如此的黑暗与荒寒
我亲爱的，在你没有出现之前

我曾是一朵孤单的雪莲
寂寞地绽放在
风雪呼啸的高山断崖边
我显得冷酷而遥远
从来没有人会注意
我绝世美丽的容颜
从来没有人能理解
我纯净慈悲的心田
直到有一日你的出现
才让我感觉到生命里
那饱满从容如春天般
洋溢着的明媚与温暖

就让雪晶耀眼，融水潺潺
就让鸿鹄翩跹，飞过峰峦
让茸草再绿，高天再蓝
让白云悠然，熏风蔓延
让无名花在我们脚下斑斓
从此，纵然前路荆棘铺遍

只要有你陪伴,我亦无怨
吾爱,最后在你的怀抱里
完成了那美丽神圣的缠绵
请你拥紧我吻我流泪的脸

楼　兰

没有必要
为我昨日的美丽惋惜
也没有必要
为我此刻的憔悴叹息
今生今世
我只是,一片被弃置的
辉煌不复的废墟

繁华初上依稀两千年前
终逃不过岁月万千劫难
当一个外表柔弱的女子
胸中暗伏烈性的火焰
于是悲剧就在所难免
(试问,茫茫斯世间
到底有没有所谓的圆满)

如是说,就让我保持沉默
保持那份过去式里
低调的宁静与祥和
让这万顷流动的沙
饰我以金色梦幻的面纱
在苍凉的月光里斜阳下
替我掩隐,那段尘封的年华

方 向

——致 LY

此刻我又想起了那夜玉珠般的月
曾照我在你的怀里是怎样地喜悦
我总是无法释怀那种甜蜜的感觉
尤其在这样一个属于缠绵的时刻
可是我亲爱的,你说为什么
欢乐会像陨星一样悄然坠落
而天幕上所有正璀璨的烟火
也将黯然地寂灭,你说为什么
曾在我们身边一一盛开的花朵
都要一一地谢落,你说为什么
历史总是以狂猛的速度将昨日终结
最后把一切残局归咎于所谓的法则
而我早知这个世界受制于诸般因果
且每一条冥冥中我们都不能够超脱
于是,惊惧的我们仓皇回首
却发现身后的路正逐次断裂
而前方烟雾霭霭尚遥不可测
为什么我们无法预知这一切
聪明的,请你告诉我
只要心中有爱,岁月
总会如诗般明丽炽烈

(也只有我最懂得
此刻你悠远的沉默)
让我给你一个长长的拥抱
作为旅途上你温暖的依靠
去的时候别忘了保持微笑
只有你才是我真正的骄傲
就这么沿着梦的指引踏向远方
我看见有一双翅膀在天际飞翔
芒草摇曳在落日下绵延的高岗
那里还有大片大片的金色阳光

迷 路

我忽然想起
我们那被泪水浸湿的花季
想起那些被珍藏与遗弃的
如红色枫叶般美丽的心事
在一个秋雨潺潺的清晓
我忽然想起

一个沧桑而湿润的秘密
一句温柔而古老的话语
想起它曾萦绕在我的耳际
是我生命里最动听的乐曲

也许,我应该
让它永远地沉默在心底
不要再掀起,任何细微的涟漪
还旅途一片纯粹的苍白与孤寂
可是,在向远方跋涉的过程中
我想我肯定是,迷失在了哪里
可就是怎么找,也找不回自己

梦　境

我梦见,我长了一双
闪着荧光的透明翅膀
飞舞着,去了一个遥远的地方
那里没有疾病没有死亡
也没有悲伤与绝望
没有争战没有污染
也没有贪婪与欺骗
到处充满着真善美
充满着温暖与光明
充满着啊无尽的爱

我梦见,我飞越过一片金色的海
自由的鸟儿们在天空里欢歌追尾
我看见五彩的云像花朵一样盛开
然后一阵幽香扑面而来
海滩上,椰林是白昼的翠绿烟花
在波光粼粼的湖面下
水草和游鱼戏成一幅柔美的油画
这里,是雾霭飘缈的青山
梅花鹿正优雅地穿行其间
我轻盈飘过山谷,来到了一湾
弥漫着白色水雾的瀑布前

脚下的流水泛着落花涓涓
我站在一块临水的青石边
依稀看见我的倒影
和我晃悠悠的笑脸
在我的身后,好像有一道
七彩的虹隐约悬挂在半天
是哪里来的蜻蜓一点一点
点出了好多的碎影和圈圈
终于,我忍不住掬起一把
又松开手,看水轻轻落下
真是对不起
不是我故意,要扰乱你的安谧
真是对不起
不是我故意,要破坏你的美丽

如果我哭了

如果我哭了
请你静静地把我搂在怀里
用爱怜的手指,温柔拭去
我面上晶莹的泪滴
请你啊认真地倾听
这颗娇弱不安的心
在与她唯一能够共鸣的
另一颗心的旁边
颤抖着发出的凄美乐音

忏

就像纨扇之于凉秋
今夜,我也终于能够
从容地审阅,这一路上
散落了一地的美丽哀愁
也终于能够,静默舔舐
所有,还正鲜艳的伤口

就让痛楚,以缓慢的速度
把我的心遍布,轻触
以万般无奈的,爱抚
让我长成一株孤独的树
就是在无星无月的夜里
也能让悔恨袭入
袭入,花荫深处

祈祷词

首先,我愿
天永远蔚蓝,水永远清澈
我们的身边永远充满绿色

然后,我愿
这个世界没有饥寒与硝烟
人的心中都有良知与情感

最后,我愿
在我爱的人和我的心里
永存那么一首美丽的诗
就这样,直到死去

无　题

假如,有一天我不在了
你可会,因我的离去而落泪
可会,因我的先走
而感到悲哀和心碎
假如有一天,我真的长眠了
你可会,一直守护在我身边
祈祷着、呼唤着、盼我醒来

可是,假如我真的不再醒来
不知道你的天空,会不会
失去一些美丽的色彩

当你看到每一季春归的燕子
在檐前,呢喃着卿卿我我
你是否,会突然觉得寂寞
是否,会在这时候想起我
当你一个人来到旧日的湖边
望着水中连片的,灿烂夏荷
你是否会表情怅然地低声说
这每一朵都是她最爱的色泽
而当有人,不小心提起我时
你又是否会失落地暗下神色

会在刹那之间,黯然地沉默

我爱,当我的名字已被世人遗忘
当时光,终于将我们的爱情埋葬
站在我荒草萋萋的坟旁
沧桑的你是否会在心底
为我们播下一些来世的
许诺与愿望

墓志铭

转过花藤缠绕的白色栅栏
一条清澈的小溪蜿蜒及远
那里,是红胸鸟和夜莺的故乡
是森林童话与梦幻成真的地方
也是一位逝去诗人的最后天堂
他生前多愁善感
浪漫、却常常地不开心
而现在,他不再觉得孤苦伶仃
因为他的身边
簇拥着许多花仙子和草精灵
她们都是他的知音
一如她们的他总能感受女孩们的心
喔！如果是在月明之夜
月亮女神黛安娜总会如约前来
他们一起抚着古老的翡翠竖琴
聆听,灵魂与自然美丽的籁音
是的,他的诗里只有梦与爱情
只有美好与纯真,温暖与光明
他的一生,因此而生,为此而瞑

揣 想

——如果你是我的、我是你的明媚

如果我是你的明媚
请不要让我无辜落泪
如果我是你枝头娇艳的花瓣
请不要让我随意飘散
可是,如果我不得已离你而去
请千万不要忘了
将我写入你凄美的诗句

而如果你是我的明媚
那我会是怎样地欢快
如果、如果
你是穿过阴霾的第一束光线
驱散了我周遭,沉重的黑暗
你是暖,是永不熄灭的火焰
是阳光下轻盈飞舞的雪片
如同夏夜星空般晶莹璀璨
你是不缺的满月夜夜婵娟
是一个又一个希望的春天
你是江南细雨里出水的莲
是百层塔檐边的风铃悦耳
和着众鸟鸣啭,回荡霄汉

沧桑之后

因为胸中的许诺,太过热烈
所以我怕说出来会及早寂灭
因为想象中的明天太过纯真
所以我怕不待天亮就已碎裂
列蒂齐亚
因为梦里的情节,太过真切
所以往往会有梦醒时的落寞

于是,很快到了行程的末途
而不知从何时起
一切的一切都已成虚无
繁华谢幕,风云仓促
仿佛是一路不容分晓的过渡
一剧,不待终场的结束
来不及救赎,来不及控诉
来不及,反思与悔悟

当被所有的光和温度遗弃之后
花与叶也只好迅速地沧桑
那是怎样的一种失望
谁能为我阐述那种离奇现象
是置身于熙攘的人群之中

忽然感到某种莫名的孤寂
还是即使在闷热的夏夜里
也能顿觉到丝丝的,凉意

天问

——为什么每当我们仰望星空
总会如此激动，如此谦恭

遐思

我想，我并不满足于一个奇妙的点
以及出于何种理由而延伸出了无限
我无法想象这个点之外空间的质感
也不能臆测这个点诞生之前的之前
为什么我的想象在她面前如此肤浅
甚至连我的梦都不能企及她的边缘
连先知的诗也都无法追溯她的起源
为什么只有她才能诠释短暂与永远
微渺与浩瀚，以及富有，以及真言

感知

于是，在思维中
我乘着古老的方舟飞船
穿越过茫茫太空
这里那里，到处都是
色彩斑斓的星系和星云
我爱，请相信她的美丽
绝对任世间哪一种画笔

哪一种语言,也都无法形容
当然,也有很多分布在暗处
将自己隐藏起来的可怕黑洞
无数个璀璨的恒星连成一片
而玄秘的类星体是那样渺远
远到看去只是一个微小的光点
终于,我来到了我们的银河系
在银河系的一个旋臂上
我看到了太阳
看到了深蓝色的地球
那是我们美丽的家园
你知道,我是多么的欢喜
然后,我缓缓睁开了双眼
头顶的群星正如梦如幻般
闪烁着组成各种奇异而生动的图案
天龙座在北,凤凰座在南
遥远的海山二演绎着史诗般的剧变
而鬼星团距离我们有五百八十光年
就这么缄默循着亘古的轨迹与传言

末日之歌

可所有的一切总会有结束的时刻吧
衰老与死亡从来是如此的不可抗拒
假设当所有的恒星都逐次熄灭老去
从此没有了光明,没有了温暖
没有了智慧和文明,包括爱情
假设,除了巨大的空白与黑暗

(我爱,难道我们的出现
仅仅只是一个美丽的偶然)
我无法试想那种彻底的沮丧及了然
如同她的起始与存在曾那样地令我
令我,欢喜和迷恋

花荫小语

如果你爱我
请你一定要表扬
我赌气时的模样
如果你爱我
请你一定要呵护
我的不安与紧张
如果你爱我
请你一定要容谅
我那莫名的忧伤

如果你爱我
请时常给我一个
可以甜蜜偎依的温柔肩膀
给我一段素雅安谧的时光
好让我快乐地低吟与浅唱
好让我从容地做梦与幻想
不管雨雪风霜,地老天荒
每一天开窗探望
都有大片的金色阳光
和,淡淡的花香

如果你爱我

请给我一片温馨的绿色空间
让我们共筑一个小小的花园
然后,在园里我们一起种下
竹菊梅兰,种下星繁与月圆
种下,许多美丽的心愿
看春华秋实,蝶舞鸟翩
飞上、飞上云天

幸 福

假如,有一天
我们赖以生存的星球
发生了毁灭性的灾难
大海汹涌,山川塌陷
巨大的火球划过长天
大地喷出炽热的烈焰
黑色的烟,在空气中
惶急扭曲着翻滚弥漫
看不见远处的地平线
望不见,昨日的明艳
爆炸的巨响不绝于耳
而低沉的隆隆声渐弱渐远
随后,一切都陷入了
绝望的,冰冷与黑暗

我爱,我至爱的人儿
假如有一天,这一切
真的、真的发生在眼前
感谢你做我唯一的栖息
感谢你做我最后的港湾
感谢你,给予那颗流离失所的心
坚定而永恒的,光与暖
(如此,我虽死而无憾)

赠 言

——致最后的诗人们

歌唱太阳的人儿
请不要忧郁
请不要哭泣
因为你的孤寂
也是一种美丽
请永远恪守心灵的芳华
请永远捍卫真爱的伟大
请允许我把你比做是一朵雪莲
因为无人能在高寒的冰山雪原
如此地,圣洁而鲜妍

哲　思

总是,来不及思考
我们就已经,衰老
因此,请不要打搅
请不要,冒昧惊扰
让所有酣沉的甜梦
都均匀植入生命的年轮
让时光流逝的沧桑刻痕
都一一嵌进灵魂的皱纹
试问,有没有一种旅程
可以通向,无止境的永恒
如同天空深处的澄澈悠远
如同星象周而复始的变更
我爱,如同由春到冬的美丽轮回
多希望,过去和未来
永远不存在,始与尾

于是,从远古的梦乡中
我懵懂醒来,而窗外
正一片月明、如水

颂 歌

喜欢朵朵洁白的云
衬着一片天空的蓝
喜欢一抹幽翠的绿
安谧地涂上、云山

喜欢春天的细雨蒙蒙扑面
山花烂漫,莺啭蝶恋
喜欢夏日湖畔
满眼粉色的莲
喜欢秋雨潺潺
那轮梦幻的月圆
喜欢冬天的雪花
童话般装点人间

喜欢柳荫下的一缕茶烟
喜欢斜阳里淡淡的温暖
喜欢爱恋的委婉与缠绵
喜欢思念的甜蜜与幽怨
喜欢,爱的无边与永远
瑰丽的彩虹悬挂在半天
星星在夜空里欢快地闪
我看见天使美丽的笑脸

生命的邀约

献　歌

我膜拜太阳
因为她给了我们
永恒的光芒与热量
我热爱地球
因为她是这个宇宙
独一无二的美丽星球
是万物生长的摇篮
是我们可爱的家园
我歌唱祖国
歌唱她的悠久与广阔
歌唱她的壮美与谐和
也盼望她明天的统一
如游子与母亲的完聚
我赞美爱情
赞美家的温馨
赞美不离不弃的承诺
以及白头偕老永远不变的心

先　知

若有一种通达伸向远古的幽邃极致
不知道咒文是否也是一首美丽的诗

自　传

我爱，将生命里的
每一次欢乐与哀愁
每一秒云卷与水流
都一一地奉为至宝
一一镌入岁月悠长的诗稿
然后，就这么慢慢地苍老
其实也没有什么不好

瞻　顾

到了旅程的最后
我也许会微笑着回顾
我们携手走过的来路
还有那些尘封的心情
那些斑驳的古老风景
在即将入海的河流之滨
你知道我是多么的舒心

山　墓

——旧作之一

今夜,没有月亮
只有几颗冰冷的星
静静地凝望着雨后的山冈
风很大,又很冷
林间的花瓣上
散落着我晶莹的泪
我就这么一直长跪不起
直到什么时候彼此融为一体

我爱,让江河从此泛滥
湖泊,从此干涸
让我们永远铭记
那些个山与海的盟约
不,这些都还不够
我必须要让你听见
此刻我深情的呼唤

天亮了,远方的云
舒展着无以复加的苍白
溪水从我脚下流过又流回
至爱的人啊,你不可能无所觉察吧

就在那株滴露的野蔷薇旁边
我的眼泪化成了一株泣血的杜鹃
夜夜,守护在你的坟前

怅

——旧作之二

明月,危楼
也不知道几千年来
都有过多少个这样的夜晚
多少张,因为至爱
而日渐憔悴的脸

他们说,你已不可重回
我不信,我只知道
我的泪珠是玉,你的承诺是山
在无法见到你之前
无法见到你之前啊
我依旧相信
海枯,与,石烂

(甜蜜与悲凄仅一念之差
为什么昨日咫尺转瞬天涯)

列蒂齐亚,而在这微微醺醉的时刻里
我唯一所能做到的,也就只是
回溯那些遥远得无法兑现的诺言
以及,关于你我的
种种悲欢

归 路

——旧作之三

(我轻轻跃起,海与天之间
划出一道从容的,涟漪)

潮湿的雾,沉重的帆
还有拂晓的微寒
如剑、如剑
漫过我轻薄的蝉纱
刺痛我苍白的容颜

我想,过了今宵
我将永远地离开这里
去一个没有寒冷
也没有悲哀的地方
我知道,那里会有爱我的人
微笑着向我招手
微笑着,接受并抚慰我的忧伤

终于,一阵黎明的海风拂过
我幻化成了一只美丽的蝴蝶
远方的云是那样洁白
我舒展着五彩的双翼
飞过山川,飞过原野

爱的标记

——旧作之四

于是乎，我们也只好
将对方的名字，刻入那株
初相遇时山道旁的樱花树
请牢记着它的经度与纬度
包括，这林间空气的湿度

他们说，如此这般
来生就可以，就可以啊
按照前世约定好的方位
轻易地，找到彼此
然后，重新再开始

葬 / 花 / 集

奈何天

（自度曲）

兰陵秋半，独把瑶琴理遍，弦弦和肠断。
泪始干、愁相连，才过中秋，又近重阳怨。
学佩茱萸，漫簪黄花，对镜伤情情无限。
绣被不知寒，妆意懒、病魂相思厌厌。

蓬莱信远，一晌华胥醒时，木落楚云岸。
秋花乱、兰亭散，音容两别，除非梦里见。
谢月相知，感烛同情，夜深犹自照人面。
起来傍紫轩，对星汉、寂寞秋千庭院。

断肠吟

帘影重重恨柳烟，琴声丁丁怨啼鹃。
浅酒不能消深意，秀衾枉自御心寒。
水泛落花伴泪流，雨湿春梦裹衣眠。
情知玉碎桃溪里，却道月圆钟陵边。

伤春怨

愁雨入樽愁酡颜，轻吹鸾箫奈何天。
睡起江南春飘去，凭轩莫睹柳泣绵。

春日游园

踏青拾翠涴香尘，此去幽径花木深。
多情年年属春风，绿草红英愁煞人。

子夜歌

欢如日边桑，侬似月中桂。
两心虽连理，永不得相会。

采菱曲

越溪水有际，楚云恨无边。
桂棹兰渚东，骏马梦泽间。
采得并蒂莲，不能遗君前。

折杨柳

采采江南弄，皎皎莲池中。
撷之戏女伴，女伴觑游骢。
呵手含羞兮，花深日黄昏。
零泪不忍别，妾愿长随君。

无　题

惜春春残不忍顾,零落桃花回风舞。
独抱相思随梦游,只在横塘分歧路。

闺　情

暮倚危栏愁千缕,鲛珠尽日滴红雨。
隔院谁家断肠笛?对门几处粘地絮!
徘徊月下数更声,无聊楼上听燕语。
堪怨芳草又误人,当初不教王孙去。

风雨夕

(自度曲)

乍寒天气罗衫薄,相思绾成同心结。
痴情堪比,落蕊残阳,取次芳菲节。
几日东风花又落,叹年年、今日春事歇。
秋千月,画角声呜咽,人对孤影酌。

帘卷幽思细雨作,愁烬香炉生寂寞。
人间关情,惟是离别,当初总轻却。
筝雁斜飞泪暗垂,问么弦、能把凄凉说?
梨花谢,乌衣信不得,空忆柳下约。

七　夕

巧云如织情似积，天上人间共此夕。
一年一度断肠聚，悠悠日月无了期！

嫦　娥

广寒宫深恨无涯，泪和寒露湿桂花。
分明一始入月后，每逢三五望夫家。

绮　梦

衾空玉镜伤博山，看看春好病依然。
梦回音邈奈鬓乱，晚来酒醒任钗偏。
南浦云散本赍缘，西洲月落止追欢。
消瘦柳下影相怜，西风独坐花池边。

闺剧芜园吟

粉汗盈盈寻女伴，斜立屏山娇极点。
自叹人间恩爱处，莫如梁间衔泥燕！

蝶恋花·幽思(一)

竹径浓荫女儿家，郎若无事，待妾奉盏茶。淡月疏窗映红纱，篱下新开木樨花。

明朝别去乘晓霞，郎非无意，奈何隔天涯。花自憔悴月自斜，鸿雁飞尽鱼不答。

蝶恋花·幽思（二）

几日狂风兼雨恶，待到晴时，西园花已落。才把幽恨说寂寞，双双海燕穿柳过。

往事消磨情味切，泪眼凝噎，人如初奔月。阶前廊下红堆雪，楼外声声是啼鸩。

蝶恋花·幽思（三）

恹恹昼长春睡起，慵倚栏干，独立绮窗底。忽忆梦里旧情意，愁人愁花相对泣。

闻说长安音鸿至，屈指别离，抛泪已百日。人远蓬莱天咫尺，西风夜雨断肠始。

蝶恋花·幽思（四）

柳困花懒春将暮，天若有情，何必人两处！记得相逢西陵路，而今空余莲花步。

独倚廊下听笑语，此景虽佳，争奈无意绪。歌罢酒歇春散去，枫叶题遍相思句。

蝶恋花·幽思(五)

燕子双舞蝶对飞,恼意春情,唯有东风猜。欲书云笺敛愁眉,花样小字寄幽怀。

萤火香烛清光微,细把郎物,捧心贴香腮。梦断人去花也衰,日日泪眼送斜晖。

蝶恋花·幽思(六)

帘外喧阗知春宵,早睡无眠,细听画鼓敲。午夜惊醒酒已消,万家爆竹灯儿高。

蝶怨蜂愁愁最娇,相知相怜,窗前青梅梢。闲棹兰桡水平桥,归期何似钱塘潮!

蝶恋花·幽思(七)

寒食几日风雨骤,深闭重门,西园花应瘦。秋千独蹴浑似旧,不禁泪满绿罗袖。

闻道世有消愁酒,三杯两盏,腮儿红已透。往事不堪再回首,寂寞画堂夜与昼。

蝶恋花·幽思(八)

柳月疏影晓残烟,去岁不似,今年春姗姗。花下一晌梦阑干,此恨天上与人间。

旧怨新情泪已潸,四弦七弦,未将侬意传。坐又不住睡又烦,闲看暮雨湿秋千。

蝶恋花·幽思(九)

才过中秋又重阳,寂寞良辰,那堪不断肠!深掩重门避秋光,秋雨秋风锁秋窗。

闲步东篱转情伤,残蜂剩蝶,犹自争蕊狂。去年种菊今年香,丝丝瓣瓣绽凄凉。

蝶恋花·幽思(十)

梦醒绮窗春已深,卷帘望眼,落花自纷纷。缓步西园渥香尘,捡尽残红泣东风。

昨宵寒月浣花冷,痴情笑侬,枕浥晓泪痕。只缘梦境确似真,起来怕见我一人。

蝶恋花·幽思(十一)

残粉余香清明近,倚栏杆处,喜与愁相并。沉睡至暮人方醒,苦待及晓风未定。

斑竹横斜疏窗影,多情难禁,梦中泪流尽。踏草惜花去年病,几番检校天涯信。

蝶恋花·幽思(十二)

花开花谢几时穷?莫也匆匆,举杯问东君。只有孤梅血样红,为侬不落衣上春。

玉波虽似琥珀浓,未及嘴角,已与香泪融。斗把双眉描重重,无言独立夕照中。

寄玉郎三首

其　一

愁春晓妆迟,卷帘花已尽。
潜寻梦中人,暗书天涯信。
易得仙灵药,难医相思病。
若问病好时,除非郎怀寝。

其　二

痴言自知羞,花前亦低头。

含情方奏瑟,无语复登楼。
见郎妾万喜,别郎妾万忧。
告郎诗到此,泪作断肠流。

其　三

妾东郎在西,郎西妾在东。
冰心别一春,泪眼花数红。
但求心依依,何惧山重重!
为报阶前雨,只管落梧桐。

离巢雏鹰

试飞疲已极,误落秋草中。
高风明年日,展翼翔寒空。

落红祭

(自度曲)

泪眼留春春还暮,飞翠落红,满目伤心处。
枝底捡尽枝头落,叹芳意、总被风雨妒。
漫忆西园扑蝶,东篱斗草,而今散作云共雾。
青春尚如此,况人间、闲愁幽怨无数。

小楫轻舟人微渡,落花流水,梦醒前缘误。
雁断鱼沉千里外,纵相思、天涯恨无路。
休道双星旧约,七夕欢会,两地谪居鹊桥度。
天若有情时,又何必、一年昙花一晤。

春夜约

薄幸久不来,浅颦起徘徊。
风动疑郎到,整妆速描眉。

生查子·赏花

去年花开日,郎道妾似花。
芍药晓泣露,荼蘼晚衬霞。
今年花开日,相随影伶仃。
但见双飞蝶,空碎如花心。

诉　情

河汉如水露华浓,无眠倦听四壁蛩。
两行清泪怨凄凄,一曲冰弦恨溶溶。
偶见飞红落玉阶,时有流萤度帘栊。
频将心下深深意,诉月诉星诉碧空。

惜　花

午睡醒来帘幕重,闲步廊下数残红。
昔日相绽阳春心,今朝同为暮秋魂。
粉泪落处人已别,朱弦断时曲未终。
侬怜落花花怜侬,转身空叹西风中。

春日别

屈指望月盼新春，春来事事不从容。
泪眼江皋勤珍重，天涯此去恨西东。

子夜四时歌

春　歌

燕衔一片春，人倚玉楼东。
楼下谁家子，见侬面带红？

夏　歌

泛舟微波上，水碧藕花稀。
凝眸羡双鹭，低首思嫁衣。

秋　歌

夜长独妾家，月冷我一人。
难得梦正好，恨他更声声。

冬　歌

雪堆欢不言，朝朝对欢言。
语多相思甚，求天寒更寒。

一剪梅

燕去莺飞情怀恶。霜欺叶凋，雨打花落。
把盏东篱醉菊陌，毕竟西风，毕竟秋色。

彩翰画郎泪研墨。描成时节，吞声凝咽。
欲卷翠帘待新月，又还萧索，又还寂寞。

夜永

花房独坐暗伤神，一点新愁锁眉峰。
思君思到断肠处，误把孤影看双人。

无寐

翠翘云髻酥粉衬，月冷妆寒生此恨。
一南一北千万里，纵然相逢都是梦。

琴瑟

娇羞坐君前，素月照我颜。
只顾贪眼看，几番误拂弦。

伤别

送君下江陵，独向秋风泣。
离曲弦含情，别酒人无力。
不求长相守，但愿长相忆。
目送桅樯去，烟波了无迹。

伤春

睡起对镜懒梳妆，病容只为人异乡。

泪多几时未沾襟？花稀无处不断肠！
细听燕子语雕梁，醉看垂柳拂粉墙。
黄昏凭栏恨无限，西楼日日近斜阳。

拜新月

（自度曲）

夜凉露冷霜月寒，帘内人愁，帘外花残。
酒过半盏和衣眠，愁与病、醒时总依然。
漫忆相逢春正妍，春尚来、与君怕无缘。
遗琴独弹，新诗自联，中宵孤倚栏。

寂寂婵娟照红颜，焚香廊下，拜月阶前。
月怜人单故未圆，无限意、欲言不忍言。
人前常把清泪咽，待夜深、枕上品其咸。
此情绵绵，天上人间，岁岁复年年。

闺中惜花

镇日无绪泪暗垂，学把朱弦抒闷怀。
倚枕慵慵听晓莺，凭栏痴痴沐晚晖。
独来独往人堪怜，春回春去事可悲。
眼看如许灵秀物，一朝皆被风雨催！

题 帕

泪洗鲛绡色欲凋，不记暗洒与闲抛。
自从庭竹移栽去，深闺尔独是知交。

书窗即事

黄莺语深树，青藤结篱笆。
笑看蝴蝶儿，随风逐落花。

眼儿媚·晚春

柳恨花怨寒食天，睡起斜插簪。
坐立不安，才倚栏干，复蹴秋千。

悲欢离聚皆前定，何必叹无缘。
年年花败，夜夜梦残，日日人闲。

菩萨蛮·早秋

黛眉如雾鬓如烟，袖间枕上泪斑斑。
暗想庭花落，人比花寂寞。

无绪只贪眠，梦醒觉被寒。
又是中元夜，可怜不见月。

清平乐·葬花

闲愁无限，开卷复掩卷。
凭栏望眼惊春半，斜阳不知人怨。

葬花惹香满衣，独立晚风凄凄。

最是暮归时候，拈枝粉泪偷滴。

点绛唇·秋怀

残粉剩黛，独坐镜前形影慰。
窗外花坠，飘我绮窗内。

杜康新醅，半盏人已醉。
妆未褪。暮雨和泪，一枕黄昏睡。

西江月·游湖

倚棹又见鸥鹭，惹动新愁无数。
去年情意今何处？断肠溪亭日暮。

荷香人无情绪，漠漠还吟旧句。
君岸妾舟忆相遇，零泪不忍离去。

谒金门·秋恨

上西楼，楼高晚风飕飕。
凉意凄景倍添愁，芳心一任休。

楼下寒水幽幽，断魂一片清秋。
人自软眼性自柔，凭栏泪暗流。

江城子·愁怀

秋半西园菊花黄，淡淡香，隐隐伤。
倚栏干处，泪下湿秋光。
眼底萧索不忍看，背东风，立斜阳。

月落花寂夜初长，卸残妆，凭幽窗。
忆昔儿时，尚不知凄凉。
而今却有如许恨，碎芳心，断柔肠。

听郑绪岚《情系红楼梦》

寂寥愁日黯伤神，悲歌独听情不能。
一曲一泣九下泪，我本红楼梦里人。

土堡凭吊

鼎立云脚冷无情，也宜荒山也宜岭。
地接百里凉共夏，时溯千年周或秦。
清晓犹见晨曦魄，黄昏还怜夕照影。
今日空墟无所用，且付乱鸦与苍鹰。

裂谷碧潭

裂地撕川势峥嵘，下有百泉昼夜涌。
峭穴巍巍藏恶兽，潭渊幽幽潜蛟龙。
碧波十里少人迹，青天一线唯鸟踪。

惊魂几声崖鸢唳，余音久荡峡谷中。

夜雨牵情

寂寞深闺闷难遣，又是冷雨花骤减。
生小病弱怯东风，从来孤单怕日晚。
褪妆对镜自言语，剪烛共影两惜怜。
芭蕉愁听虽可恨，留得雨夜催人眠。

如梦令

醉倒不知夜寒，梦醒月落花残。
添烛满兰室，还觉昏黑依然。
无眠，无眠，恹恹起坐妆前。

武陵春·闺思

花怨蝶恼从别后，形单影亦孤。
红笺正对面上珠，洒下字模糊。

病起不堪隔帘望，淡月云疏疏。
与郎种蕙落梅初，知今宵、开也无？

醉花阴·春怀

庭院萧萧一自别，人似秋后蝶。
天气欲清明，烟雨情怀，不堪逢佳节。
花落绣被梦初觉，穿帘日正斜。

无绪作新妆，慵披罗衣，倚窗听啼鸩。

忆秦娥

西风晚，画栏独立残照满。
残照满，粉衫香淡，脂泪红浅。

最是黄花知人怨，清话夜雨秋魂断。
秋魂断，欢处不抵，旧家一半。

鹊桥仙

朱门深锁，翠帘低垂，无言无绪永昼。
身如落叶魂似秋，知谁念、东篱人瘦？
春花易老，逝水难再，唯有斜阳依旧。
自古凭栏几多愁，何况是、西风红袖。

减字木兰花

似水月华，悠悠千古葬残花。
独上西楼，单衣凄风不胜愁。

烛泪频落，素知孤影最怜我。
情何以度！人间没个从容处。

采桑子

恼春小气怨春迟，绿疏红稀。
燕子衔泥，暮雨微微杜鹃啼。

听郎讲学书窗下，子兮曰兮。
莫怪调皮，问郎巧妆可新奇？

好事近

一霎残雪后，卷帘风轻月冷。
不舍袖炉离身，记得檀郎相赠。

玉漏声催角声远，寂寞难舒闷。
隔窗幽香来处，依依梅花嫩。

诉衷情

莺慵燕懒春将晚，心寒风日暖。
昼长意乱，徒把栏干，等闲拍遍。

秀闺深，春梦浅，帘低卷。
一腔柔思，满怀纤绪，几多幽怨。

南歌子

可叹花尚香，无奈春将老。
东篱问盏情未了，芳心草草、着意东风恼。

梦归去年时，魂断帘幕晓。
青梅已恨梅雨早，往事多少、伤心只旧好。

鹧鸪天

夜雨潇潇冷香闺，索句独吟颜不开。
泪湿枕簟钗横落，风入疏窗人斜偎。

懒对镜，慵描眉，寂寞晓看杏花肥。
两两蝴蝶才飞过，帘外一对燕归来。

玉楼春

宝鸭香蕙淡烟笼，无聊昼长春睡困。
梦似乘风柳絮轻，心如沐雨花露重。

记得当初联险韵，娇痴羞把秋波送。
青梅往事红豆思，此物不该人间种。

浪淘沙

绣被翻红浪，梦回纱帐。娥眉浅蹙学宫样。
留得一片残春心，暗随花葬。

烟雨湿旧巷，西楼独上。凭栏自爱天涯望。
亦能抛却百事空，唯情难忘。

怨王孙·上巳小记

花遮人面交相映，闻郎道、魂酥香沁。
嗔怪薄幸轻薄言，纵请罪、也不应。

携手深入幽幽径，芳情似、枝头红杏。
莺飞蝶舞熏风柔，许多好、说难尽。

木石盟

（自度曲）

江东春到乍寒天，梦魂锁秋千。
一袭薄缕，半晌华胥，斜阳阑干。
柳染鹅黄晴初破，遥天外、归燕呢喃。
芳意虽好，难释心下，一片楚楚酸酸。

罗衣不胜高风寒，极目隔残烟。
鸦簇远山，雁过平芜，幽思绵绵。
才谢孤影相作伴，奈日落、影去形单。

欲待明月,还下西楼,无言洒泪斑斑。

小重山

青灯孤影初照壁,倚窗听檐雨、风骤起。
香蜡消尽寒漏寂。想明朝,花落应满地。

双颊常泪洗,两鬓每风梳、凄凉意。
无端梦被秋鸿唳。怅惊醒,人散何处觅?

临江仙·忆昔

采莲东湖日将晚,轻载斜阳回舟。
藕花衬脸碧水柔。多谢连天叶,浅藏笑语羞。

花自荣枯叶自落,倏倏一梦春秋。
但余清泪两行流。冷雨奈何秋,凄风不胜愁!

渔家傲

绿杨楼外蒙蒙雨,牵愁织恨魂丝缕。
蜜意幽情共谁语?问飞絮,人安能随风归去!

小酌西园伤迟暮,迷醉不辨归来路。
花也殷勤相留步。但凝目,误把园门作他处。

青玉案

春临绮窗梅花谢，无聊处、开帘怯。
伤怀最恐逢良夜。点点残花，萧萧疏枝，上悬旧时月。

熏香屏后人独坐，泪伴檐雨簌簌落。
一曲瑶琴抚欲破。知音何许？魂兮漠漠，燕子秋千过。

行香子

愁云残雾，花倚薄暮，惊秋梦、人在何处？
肠断溪桥，魂迷归路。恨芳情骤，离情急，欢情促。

淹留去事，携红伴绿，美纵美、终须落去。
寂寞庭院，凄风惶雨。更瓣瓣花，缕缕丝，点点絮。

殢人娇

秋暮深院，日夕重门。幽闺寂、花落无人。
暂把南枝，倦倚西风。莫凭栏、恼雾愁烟伤神。

酒冷苔影，泪湿月痕。倩谁知、被凉被温？
才息清漏，复闻寒砧。将晓时、好梦浅浅深深。

御街行

绿窗半掩帘半卷，寒食过、日初暖。
藤床打眠秋千下，一晌春深梦浅。
醒来时节，墙内阒寂，墙外莺啼远。

闺恼闲愁相参半，心似被、风吹乱。
可堪醉眼迷离处，又睹画堂双燕。
告花休笑，噙香微吟，含羞题素怨。

柳梢青·书窗梅开

冻蕊寒柯，一枝偏好，隔窗堪折。
春睡初觉，芳姿带弱，花颜泛酡。

自是天上素洁，倚弦月、瘦影轻斜。
莫道寂寥，雪埋是馥，雪舞为蝶。

唐多令

烟冷秋雨骤，香残庭花瘦。抖蕊露凉手呵嗅。
萧条院落寂寞人，最寂寞，黄昏后。

月是去年旧，空照泪沾袖。但落处诗痕笺皱。
终宵辗转止不眠，眠又被，微凉透。

钗头凤

芳菲残，风露寒，秋花落兮月依栏。
梦初乍，聚一霎，莫饮饯酒，休诉别话。怕！怕！怕！

想前欢，惜流年，凉衾冰簟最无眠。
烛泣蜡，泪沾帕，枉自相思，空自牵挂。罢！罢！罢！

品令·春社闺游

红姗绿迟，踏浅春、莫轻辞。
无限幽思，眉心蹙处，眼角润时。
王孙不见，惆怅软莎嫩枝。

燕归旧期，试衣宽、甘为伊。
新赏人非，佯欢强笑，终是孤凄。
只有斜照，一如去年此夕。

浣溪沙

被冷香寒酒未消，
髻子松钗懒更娇。
双燕归时魂最销。

落花穿帘春梦浅，
飞絮过墙去事遥。
潇潇暮雨助寂寥。

黛 玉

颦袭雨后娇花态，花残月冷自无奈。
情浓岁岁年年愁，怨多朝朝暮暮泪。
梦里诗间魂飘缈，桃底菊边心憔悴。
寻卿赋卿千百回，仙子原在红尘外。

宝 玉

我自桀骜君自狂，乖谬痴呆厌文章。
风尘浊居虽顽石，赤心情动也柔肠。
纵喜满园众花木，所饮一瓢独潇湘。
潇湘归兮大梦觉，来时渺渺去茫茫。

相见欢·本意

昨夜听雨辗转，又无眠。
晓来寂寞只是无人管。

等闲去，难相聚，谢团圆。
为偿相思、佯病待君怜。

虞美人

雁恨菊恼从别后，日日丝桐奏。
曲到怨处正愁听，无端风揭帘栊倍伤情。

暗想西窗语清话,不觉双泪下。
无寐已是销魂夕,何况漏断夜阑秋雨急。

子夜歌·下元

秋风何来吹花落！夜静人悄情寞寞。
斜月纱窗眠,攲枕清梦寒。

醒来天未晓,溶溶月西曜。
犹似梦中魂,颤颤巍巍寻。

乌夜啼

缓步西轩下,栏干初倚还慵。
月冷星寒谁与同？天外一声鸿。

梦里柔情似春,梦醒花落成空。
才入仙郎怀抱里,可怜太匆匆。

一斛珠

蝶飞香谢,落红轻踏步步怯。
荷锄秋啼泪满靥,花冢斜阳,最是愁人切。

摇摇如醉西园过,秋千底下浑倒卧。
枯荷无语水漠漠,添得无聊,萧索心情恶。

破阵子

梦回酒醒碧楼,雨收帘卷银钩。
魂僻不媚溽热夏,性幽素喜清凉秋。
落花点点愁。

香随檀烟袅袅,曲泻琴韵悠悠。
闲处诗书描秀画,闷时兰舟泛清流。
戏鸳双双游。

谢新恩

熏风拂帘新浴罢,爱看绿软红酥。
叶自娴雅花自淑。窗内清影,窗外潇潇竹。

可堪西风人别后,两重篱院未出。
髻松鬓乱慵不梳。小楼清夜,夜夜泪如珠。

更漏子

荷风香,梅雨细,桂棹却嫌无力。
蜻蜓绕,金鱼随,人单燕双飞。

烟波渺,幽梦杳,多情自古懊恼。
衣黏絮,水流花,芳思正交加。

喜迁莺

河汉窄，月华微，蛩吟漏相催。
细恼娇怨漫疑猜，夜静半掩扉。

风露寒，庭花倦，一晌朱弦按遍。
跫音渐近门渐开，先向郎怀偎。

长相思

花满衾，泪满襟。
潇潇梧叶寂寞听，夜雨湿秋心。

醒也萦，梦也萦。
最是辗转天不明，轻愁双黛颦。

望江南

孤灯下，欹侧对茜纱。
多病长是逢凉月，无眠只好伴秋花。
闺寂如侬家。

捣练子

风瑟瑟，雨潇潇。
无聊起坐听寒蕉。
情思一缕难相遣，蹙损秋蛾夜迢迢。

卜算子

春去还复来，梦醒难再觅。
不情不绪恼人天，小立墙阴底。

遥遥春鸠啼，唤起伤心意。
和烟和雨是落红，垂泪风前泣。

阮郎归

梦断香残芳华歇，卷帘月又缺。
月自如昔人非昨，何事泪莹睫？

秋风作，暮雨和，寂寞试纤罗。
一般如花居闺阁，伤心何侬多？

踏莎行

花落花开，春归春去。孤孤寂寂甚情绪。
已觉秋魂被风袭，帘外又作黄昏雨。

对镜容怜，临水影顾。瘦比江潭摇落树。
柳絮尚有云天路，奈侬煎心朝复暮！

一痕沙

玉滴香涴红泪，腮怨晕愁翠黛。

雁过夕阳斜，问天涯。

可恼春深闺静，教人恹恹成病。
细雨倚栏干，落花天。

一落索

病起已是秋后，花怜人瘦。
物换星移浑非昨，只有痴梦依旧。

双蛾西风吹皱，惯也消受。
无边无尽是秋阴，听彻雨声莲漏。

醉垂鞭

独坐小窗前，兰心痛，烛影弄。
泪逢秋月寒，梦与落花残。

夜久幽思酿，对惆怅，漫无言。
素手调冰弦，弦解人缠绵。

画堂春·试衣

玉软香娇不禁风，思睡昼掩重门。
梦里新寒折磨人，恼多春深。

湘裙缓束旧愿，衣带西园香尘。
叠在檀柜最底层，犹见啼痕。

少年游

翠帐山枕意惺忪，香暖酒半醺。
双燕归来，呢喃耳畔，掩窗又黄昏。

绿愁红怨恨匆匆，月落玉屏空。
何必去年，何故今日，聚散一梦中！

记　梦

序：夜梦一女子似鞶儿者，于云海楼阁间缥缈绰约而至余前，自言瑞宫侍者，因浇花无事，见有客茫茫然不知所处，故前来问示。中间之事，已不能悉记，唯忆其温婉娴雅之举，脉脉含情之态，难以尽述也……岂料正缠绵处梦醒人去，不禁心伤难抑，再不能眠。梦虽殊异，绝无虚言，亦不知其所征何兆，所影何事，特以诗志之。煮梦子落颜于2011年立冬日旦。

诗兮维昼醉兮夜，梦入太虚三千界。
高情逸兴知音者，我琴瑞宫仙子瑟。

南乡子

烟水柳低斜，莺梭燕翦春时节。
牡丹亭边女伴唤，不觉，笑向花丛捕蛱蝶。

乐少只愁多，梦里韶华易蹉跎。
绿酒也知人好处，轻酌，似喜还嗔浅浅酡。

天仙子

月缺常怨清光暗，月圆又恨云遮面。
月缺月圆自由天，亏亦叹，盈亦叹。
悄悄帘幕深深院。

人见花时花凌乱，花更开时人不见。
侬怜花兮花怜侬，人不还，花尚返。
一例心酸无可遣。

千秋岁

痴迷津渡，暂向云间住。
乘青烟，穿碧雾。
天上愁几许，梦中人何处。
飘摇似，花魂一缕春不顾。

莫辞蓬山去，闺深正无绪。
爇沉檀，启绣户。
烟柳谁家院，芳草江南路。
凭寂寞，瘦尽嫣红斜阳暮。

苏幕遮

暖红衾，冷香袖。
夜静秋寒，帘底西风透。
欲绾幽梦梦不就。

可可抛人，伴灯听玉漏。

魂非昨，月依旧。
独立闲阶，影儿纤纤瘦。
雁字飘零萤归后。
露湿庭花，何故双蛾皱。

一缕香

（自度曲）

泪渍胭脂颦损黛，长宵只与瘦影对。
罗帐灯昏，薰炉香淡，谙尽愁滋味。
垂垂帘幕，怕西风、吹弄凉袖寒袂。
问嫦娥，卿也何曾睡，侬也何曾寐。

烟撩露滋梧桐坠，唳鸿几声遥天外。
月斜秋千，钗横绿鬓，犹似去年态。
院落凄凄，对一番、一番秋魂无奈。
归去也，人怜花零碎，花怜人憔悴。

凤求凰

（自度曲）

蝶舞蜂游，正融和天气，芳郊绿稀。
旧燕初归，苔渥香泥，一片柳莺啼。
良辰宜觅句，须不是，去年伤心题。
倦吟时，梦迷绿窗静，春压花帘低。

一晌惺忪，爱淡妆素面，试换罗衣。
熏风拂拂，绣帷依依，弯弯银钩攲。
想是花解语，诉幽思，隔窗问荼蘼。
娇慵处，闲看游丝儿，飞过小楼西。

红楼梦

（自度曲）

冷冷清清，凄凄惶惶，风透罗衣裳。
帘幕悄寒，背灯愁独坐，泪污残妆。
漫忆花前携手，明月下、伴读书窗。
莫道欢娱只平常，滴滴点点皆心伤。

云山渺渺，烟水茫茫，何处问潇湘。
寂寥庭院，更满阶零落，断粉疏香。
可堪中酒情怀，无一语、漏短宵长。
最是夜雨逢柔肠，梦觉人去又秋凉。

浣月令

（自度曲）

看月看花看蝶，听风听雨听鸪。
幽闺年年无聊赖，帘外又睹双燕斜。
从来笑浅泪多，恹恹终日颦蛾。
绣慵诗懒心如磨，昼长夜永人奈何。

垂袖小立瑶阶，暮雨微微不歇。
自是多情纤影瘦，不关春深梦依约。

宿花薄醉翠阁，夜静烟敛云罗。
欲将心事诉明月，不知嫦娥笑痴么？

花落颜·题四时闺居图小影

（自度曲）

细草初茸，疏柳才芽，淡烟流水人家。
湘帘低垂，听燕翠轩下，正蜂困蝶乏。
抛书煮梦，不提防、袖间鬓上妆落花。
最是鹦哥怜人，不住催晓，不住唤茶。

屏掩银烛，香熏碧纱，喜得清宵月斜。
不似近来，风僝雨僽，消息阻天涯。
踏雪访梅，对一片、粉香琉璃净无瑕。
想来诗情三分，一分恹冻，二分霜华。

江神子·秋访铁木山

祖厉河西金城东，一峰尊，镇乾坤。
独秀旱塬，依然笑峥嵘。
孰可群峦头上起，如天剑，指苍穹？

身在此间秋还春，倚古松，望长空。
悬阶凌霄，一一叩仙宫。
何来黄龙送我去，驾长风，上青云。

题岳王墓

去家报国二十年，赢得非命罪无缘。
埋骨昭天锦绣地，权将湖山作河山。

兰闺秋夕赋

一　弄

悲岁华之萧萧兮，何必清秋。
感斯世之沧沧兮，谁知侬愁。
兰闺有思兮，如梦悠悠。
思之不遇兮，独自泪流。

二　弄

问长宵兮霜月寒，
步中庭兮落红残。
无可奈何兮，此恨年年。
对彼长叹兮，花怜人怜。

三　弄

怨清夜兮形孤影冷，
拥玉兔兮怯怯自温。
风响空枝兮人低吟，
吟复吟兮双蛾秋颦。

四　弄

垂翠袖兮风露凉，
罗衫薄兮萦寒香。
仰鸿雁兮羡尔飞苍茫，
安能生琼羽兮共翱翔？

春花叹

花未开时朝朝盼，花正开时日日眷。
花开长向东风怨，花落赢得对零乱。
侬为花谢吟复叹，花为侬愁飞片片。
侬愁花谢自年年，无语桃花寂寞院。
桃花轻飏桃瓣香，依依桃枝桃叶伤。
已是索枝向残阳，何必满庭更断肠。
帘底抱愁懒煮梦，镜前扶病强梳妆。
镜中帘外花影斜，镜中人恼帘外鸩。
痴痴摇摇步花阶，凭栏犹忆葬花约。
今年花比去年早，未知明年人尚好。
明年花发自纷纷，闺中谁是惜花人。
蝶去蜂移花掩门，忍拭粉迹与香痕。
淡淡茜裙薄薄袖，粉染罗裳香欲透。
落花伴人一样愁，西风人比落花瘦。
花自飘零人自孤，泪眼观花红模糊。
不知花随长风度，何去何从向何处？
拾得残花问花魂，燕子归来日黄昏。
春回春去匆复匆，花开花谢又一春。
自是东君太薄情，痴梦如醉何时醒。

隐隐秋千曲曲径,溶溶一片落红影。
落红凄凄闲苔寂,旧年花冢无处觅。
花囊花锄伴人立,葬花人向东风泣。
风前簌簌何所坠,花之碎瓣侬之泪。
侬泪花泪两相汇,花落春归人憔悴。